全国高等院校设计专业精品教材

刘宝岳 丛书主编

VI 设计

赵俊杰 编著

中国建筑工业出版社

图书在版编目（CIP）数据

VI设计 / 赵俊杰编著 . — 北京：中国建筑工业出版社 . 2012.5
（全国高等院校设计专业精品教材）
ISBN 978-7-112-14138-8

Ⅰ.①V…Ⅱ.①赵… Ⅲ.①企业形象－设计
Ⅳ.① F270 ② J524

中国版本图书馆CIP数据核字（2012）第042198号

　　VI通译为视觉识别系统，是CIS系统最具传播力和感染力的部分。是将CI的非可视内容转化为静态的视觉识别符号，以无比丰富的多样的应用形式，在最为广泛的层面上，进行最直接的传播。设计到位、实施科学的视觉识别系统，是传播企业经营理念、建立企业知名度、塑造企业形象的快速便捷之途。

　　本书多采用来自网络、国内外相关著作及作者作品的图例，来详细介绍VI设计理论基础及形象调研、标志设计、标准字设计、标准色设计、企业吉祥物设计、基础系统综合设计、办公系统设计、企业环境系统设计等VI设计基础知识。大量的新鲜案例，让大家对VI设计有全新的认识。

　　作者在实践教学基础上，从更新教学理念和完善教学方法入手，对课程的教学内容和教学体系进行了更为系统和科学的更新与重构，突出课程本身的实践性与创造性，加强开发学生理论与实践相结合的，创造性思维能力与动手操作能力并重的综合设计素质。

　　本书不仅可作为平面设计专业和广告设计专业本、专科的教材，也可作为中等专业的教学参考。并对广大平面设计工作者进行设计和创作具有一定的参考价值。

责任编辑：王玉容
责任校对：肖　剑　陈晶晶
版式设计：刘政恒

全国高等院校设计专业精品教材
刘宝岳　丛书主编

VI 设 计

赵俊杰　编著

*

中国建筑工业出版社出版、发行（北京西郊百万庄）
各地新华书店、建筑书店经销
北京画中画印刷有限公司印刷

*

开本：880×1230毫米　1/16　印张：$8\frac{1}{4}$　字数：255千字
2013年9月第一版　2013年9月第一次印刷
定价：48.00元
ISBN 978-7-112-14138-8
（22186）

版权所有　翻印必究
如有印装质量问题，可寄本社退换
（邮政编码 100037）

编委会

顾　问：张宏伟　　于立军　　孟庆国

主　任：孙奇涵

副主任：闫舒静　　何杰

委　员：（按姓氏笔画排序）

于立军	王芙亭	王妍珺	白廷阁	任　莉	华　梅
刘　卉	刘　良	刘宝岳	闫舒静	孙奇涵	李　波
李炳训	肖英隽	何　杰	宋　莹	张　立	张宏伟
张海力	陆路平	林乐成	庞　博	庞黎明	孟庆国
战　宁	高　斌	郭津生	郭振山	董　雅	韩晓梅
童慧明	谢基成	蔡　强	魏长增		

序

我国艺术设计教育事业近 20 年有了长足的发展，尤其是艺术设计专业，教育体系日臻成熟，教育成果日益显著，这种状态下，优选优秀教材的工作就显得十分迫切。可以说，目前国内同类教材的编写，自 20 世纪 70 年代以来从无到有，从开始的引进、翻译，到现在的 40 多个版本，取得了可喜的成绩，这离不开从事艺术设计专业教育的广大教师的努力和探索。然而，作为艺术设计专业课受众最多的教材，也面临许多问题：教材中，有的知识老化，千面一孔；有的理论概念简单，图解化和几何化现象严重；有的过于强调学术性，缺乏作为教材应具有的理论知识及逻辑梳理；有的教材则出现理论教育与设计实践相脱节的情况；还有不少教材的编写粗制滥造。

当前，我国存在的艺术设计专业教材体系和教材的选用基本形成了南北两大体系。南方体系出版的教材具有一定的前卫性，思维活跃，变化快；而北方体系出版的教材系统性强，基础坚实。当前存在南方不选用北方教材，北方不选用南方教材的情况。然而，我坚信一套优秀的教材会突破南北特性差异及固有的地域界限，会为大家共同接受。

此次编写的《全国高等院校设计专业精品教材》丛书，作者为具有丰富一线教学经验的教师。该丛书是他们集多年教学和研究经验，筛选教学实践中的资料和部分优秀作业的精华，根据我国艺术设计专业课程的教学改革和专业特色，并参照国家教育规划纲要的创新与需要而编写，其特色如下：

1. 该丛书理论系统内容完整、概念清晰，既有基本理论、基础知识，也有基本技法，特别注重理论与实际相结合。

2. 该丛书各章节均以设计为主线，针对性强，重点突出，脉络清晰。

3. 该丛书内容十分丰富，整套丛书所附的设计范图多达数千余幅，多数章节配有设计步骤图，便于指导读者学习或自学，而且还有不少深入浅出的赏析文学，可读性强。

4. 该书无论是设计方法还是具体图例，都严格按照教学大纲要求，源于实践、生动活泼，更切合实用。

5. 此套教材各个章节增加了课程设计，此为创新之举。鼓励学生运用形象思维方式去思考理论创新问题，这使该教材更加符合艺术设计教育的专业特点，即形象化教学的艺术教育规律，此为该丛书的一个特色。

6. 该丛书有别于市场同类教材 20 年来形成的知识老化、理论概念简单、图解化、几何化的现象，一改基础理论教育与设计实践相脱节的弊病，在深化理论的基础上理论联系实际，强调基础教学为设计服务的理念，用丰富的艺术形式和艺术语言使其呈现多样性，特色鲜明。此套丛书具有的特色和强人之处，或许可以使艺术设计专业的课程体系更加完善，受到更多师生的欢迎，为一线教学作出贡献。

丛书主编　刘宝岳
二〇一二年秋

前 言

新品牌建立，首先要做的就是设计企业标识，规范视觉识别系统——包括店招、名片、信封、宣传品、车辆外观、工装、促销品等等，凡是目力所及，都可以归入 VI 的范畴。人们重视 VI，显然是企业管理的进步。一个企业是否规范、是否值得信任，与 VI 的执行是有关联的，就象一个毫无衣着品味的人很难被信任是一个有审美观的人一样，一个没有 VI 体系，或者 VI 体系十分混乱的公司很难让人相信会是一个管理水平高的公司。

当然，VI 的好坏无法直接决定企业经营的成败。拥有一套容易被消费者记忆、接受的 VI 当然有助于企业的市场成功，但它只是成功要素中的一部分，甚至不是必要条件。把 VI 成功与经营成功划等号是一个误导。

可以明确地说，再高明的大师设计，如果得不到规范执行，都是失败的 VI；一个普通的设计师作品，如果得到完美的执行，也有可能成为经典。所以，执行比设计更重要。

VI 并不是一成不变的，随着大众审美的变化，VI 系统需要不断更新升级。优秀的公司会在保持连贯性的基础上，推出更时尚更有亲和力的 VI 系统。

毋庸置疑的是，VI 在现代企业中的作用日益增强，这对艺术设计教学提出了明确的需求。学生如何在课堂中，对这门实用艺术有更深的理解，并且灵活掌握其中的方法与技巧，是我们共同的课题。

希望本书可以为正在求知的学子指引方向，与同行共同探讨。由于时间仓促和作者水平有限，请广大读者指教，并提出宝贵意见。

赵俊杰
二〇一三年于天津

目录

第一章 CIS 概论 ... 1
1. CIS 概述 ... 1
2. CI(VI) 的历史 ... 3
3. CIS 的构成要素及相互关系 ... 10

第二章 CIS 导入从策划到实施 ... 15
1. CIS 导入基本程序 ... 15
2. CIS 的实施策略 ... 17
3. CIS 手册编制规范 ... 20

第三章 VI 设计的功能与原则 ... 23
1. VI 设计的构成 ... 23
2. VI 设计的功能 ... 23
3. VI 设计的原则 ... 27

第四章 VI 的设计 ... 33
1. 企业形象定位分析 ... 33
2. 基础部分 ... 34
3. 应用部分 ... 67
4. VI 手册设计 ... 89

第五章 VI 视觉识别手册 ... 95
1. VI 设计管理手册的目的与重要性 ... 95
2. VI 管理手册的体系 ... 96
3. VI 管理手册的维护 ... 96
4. VI 管理手册的检测与反馈 ... 97

第六章 案例赏析 ... 99

第一章 CIS 概论

CIS 是一种意识，也是一种文化，是针对企业的经营状况和所处的市场竞争环境，为使企业在竞争中脱颖而出的实施策略。将明确统一的企业经营概念与精神文化，运用整体传达系统（特别是视觉传达系统）传达给企业的关系者或团体（包括企业内部与社会大众）的企业文化活动。

1 CIS 概述

CIS 是英文 Corporate Identity System 的缩写。字面上的意思是"企业识别系统"。

1.1 CIS 的概念

要完全理解 CIS 的概念并不容易，只是"Corporate Identity System"的语义就有很多种：企业识别系统、企业形象设计识别、企业的统一性、企业的自我统一化、企业视觉形象识别系统等等。比较常见的直译为"企业形象识别系统"。这是指一个企业为了获得社会的理解与信任，将企业的宗旨和产品所包含的文化内涵传达给受众，从而建立起来的视觉形象系统。

我们应着重理解 CIS 的统一性，在执行过程中，统一性高于一切，统一的色彩、统一的理念、统一的文字信息以及统一的语言表达等，它们保障着企业形象的准确传递（图 1-1）。

1.2 几种 CIS 观

1.2.1 CIS 是一种"经营技法"

这种观点主要流行于欧美。CIS 就是通过设计具有强烈的视觉

▷ 图 1-1 FedEx 联邦快递公司视觉形象　以特别设计的字体，配上橙色及紫色，组成联邦快递的企业识别。该系统可贯彻、广泛应用于服务目录、货车以及飞机。以独特的视觉语言，加强联邦快递作为全球准时交收货品服务供应商的领导地位。

冲击力的识别系统，改变企业传统的形象，注入新鲜感，使企业更能引起外界的注意，进而提升业绩的一种经营技法。

1.2.2 CIS是"企业的差别化战略"
日本索尼公司董事、宣传部长黑木靖夫认为，CIS 就是根据企业的基本经营方针，制定企业独特、鲜明的产品定位、市场定位和价格定位等，使企业与其他企业区别开来。

1.2.3 CIS是企业革新
日本 CIS 专家中西元男提出，CIS 就是有目的地、计划地、战略地展现出企业所希望的形象，通过革新企业的经营理念和方针，设计标准化、个性化的视觉识别，自创有独特个性的企业范围，使企业获得内、外最好的经营环境。

1.2.4 CIS是信息传播战略
这是流行于我国台湾地区的一种观点。

总的来说，CIS 就是立足企业的历史、现状及发展方向，以全面市场化为导向，以实现可持续发展为目标，提炼和升华企业独特的经营理念。并运用统一、鲜明的视觉形象识别系统，传达企业精神，强化企业个性，增强市场竞争力，最终提升企业的经济效益和社会效益。

1.3 CIS的特性

1.3.1 同一性
同一性是 CIS 中非常重要的概念，企业用统一的方法，统一的要求整体地传达信息，使大众在一致的信息刺激下形成统一的印象，便可有力增强信息的可信度（图 1-2），从而扩大企业的影响。CIS 的设计和导入，就是要建立统一的识别系统，以代替或变更企业信息传递上不规范，相异甚至相抵触的现象，从而达到认识、行为和视觉上的高度一致。

1.3.2 战略性
由于 CIS 系统是一项长期的企业经营战略，其中包括企业的发展目标，市场开发计划，品牌战略等。因而 CIS 有战略性。CIS 设计是依据企业的长期发展战略，从而制定的开发计划，应符合企业的长远目标。企业导入 CIS 战略的时间一般比较长，不

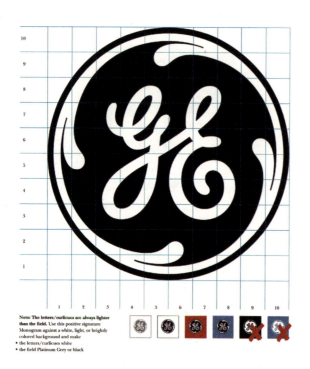 

◘ **图1-2 美国通用电气公司（GE）视觉识别** 美国通用电气公司（GE）是美国也是世界上最大的电器和电子设备制造公司，它的产值占美国电工行业全部产值的 1/4 左右。GE 向分布在世界各地的分公司提供了一套六百多页的 CIS 手册，来规范其企业形象。

是短时间能够完成的。这是由企业自身的经营特性所决定。随着社会的发展和市场的变化，CIS 系统应做出相应调整，以符合时代发展的需求。

1.3.3 独特性
CIS 本身是一种差异化战略，一种突显企业与品牌个性的策略。突出企业形象的个性，是导入 CIS 必须遵循的原则。随着科技的不断进步，企业之间的商品质量和销售数量上的差距相对缩小，企业必须建立一套统一完整的形象识别系统，以准确地传递经营理念，经营方式等信息。树立具有独特理念、具有差异性特征的形象。企业形象的独特性愈突出，其识别性就愈强，企业形象就愈加鲜明，也就能够在市场中独树一帜。

1.3.4 文化性
文化是一个涵盖了物质与精神、由知识和训练造就的某一群体的生活方式和行为准则。我们所说的企业文化，无非是这种生活方式和行为准则在一个企业内部的存在与显现而已。CIS 是企业的一种经济行为，更是一种文化行为，一个企业的经营理念和企业精神，是这个企业文化本质之所在。在一个企业的内部，从领导到员工，都必须对自己企业具有一种归属感，把自己的精神和理想寄托于企业的发展。这种目标和归属感，是企业文化的中心，企业导入 CIS 的过程，实际上就是一次发挥、强化和传播自己的价值观文化体系的过程。

2 CIS 的历史
CIS 作为现代企业的形象识别战略，是人类社会进入工业化时代，商品经济高度发展，时常激烈竞争的背景下逐渐形成的。其历史不长，但我们如果把"CIS"广义的理解为一种组织形象的塑造，那么可以说它由来已久，源远流长。

公元 5 世纪产生的佛教，有一套较为完整的宗教组织形象塑造模式。它的信徒均有一致的思想理念：慈悲为怀，普度众生；统一的行为模式：吃斋、礼佛、诵经、戒杀生；统一的视觉识别模式：合掌、剃度、黄色袈裟等，共同形成极其鲜明的宗教识别体系，因而推动了佛教的广泛传播（图 1-3～图 1-6）。

自古以来运用 CIS 思想塑造组织形象，运用得最好也最为广泛的首先是军队。为了强化军队作为以征战为目的的军事组织的

图 1-3 千手观音铜像

图 1-4 佛教法器

图 1-5 佛教服装

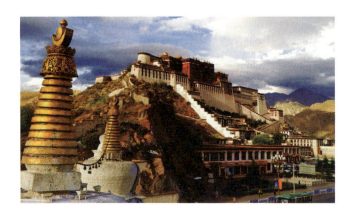

图 1-6 佛教建筑

图 1-7 纳粹旗帜与服装　利用 CIS 思想塑造国家组织形象，战争狂人希特勒的纳粹组织是一个反面教材，作为一个业余画家他深深地知道视觉形象的力量，故而请专业的设计师对其军事帝国的各个部门从徽标、旗帜、服装、兵器等进行了统一的视觉设计，从而形成了咄咄逼人的视觉威慑力。

凝聚力与向心力，不仅有一套完整军事制度对战争的胜负起保证作用，而且有一套明显的视觉识别系统，以区别敌我双方，才能在激烈的战斗中，齐心协力，共同杀敌。因此军队对军旗、军服、军号、军歌等易于识别的外在系统一般都进行了严格的规定与设计，从而保证了军队的统一行动（图 1-7）。

2.1 在欧洲萌芽（20 世纪初）

20 世纪初的意大利，工业革命刚刚起步，"奥利维蒂"打字机的企业经营者便非常重视其企业标志的设计，在那个时代这种行为和观念是很少见的。随着时代的变迁以及潮流的驱使，它的商标经过多次变化，但从来都是非常注重统一识别的（图 1-8～图 1-10）。

1914 年，德国的 AEG 电气公司将其商标应用在系列的电器产品上，并将商标应用于便条纸和信封上，强化了其品牌识别。图 1-11 是德国 AEG 电气公司的商标。

图 1-8 Olivetti 意大利第一家打字机工厂标志

图 1-9 Olivetti 打字机

图 1-10 Olivetti Valentine（情人）便携打字机

AEG

◎ 图 1-11 德国 AEG 电气公司标志

第二次世界大战前，英国工业设计协会会长弗兰克·皮克（Frank Pick）身兼伦敦交通营业集团副总裁时，负责规划伦敦地铁的设计任务。在他领导下，由艺术家和设计师对伦敦地铁进行系统的规划设计。他聘请爱德华·约翰斯顿（Edward Johnston）负责活字印刷体（Typography）的改良设计，以便应用在小车票上和大至站牌、指标的统一字体。此举激发了英国各界对字体的改良与统一产生强烈的响应，使得全国通用的字体造型达到明识易读的效果（图1-12）。

2.2 在美国兴起（20世纪50年代）

CIS 在 20 世纪 50 年代的美国首先兴起，其原因有三：

"奥利维蒂"打字机标志应用（图1-8～图1-10）

Camillo Olivetti 于 1908 年在都灵附近一个叫 Ivrea 的地方创建了意大利第一家打字机工厂——Olivetti。1930 年到 1940 年，Olivetti 的产品线延伸到其他领域：电传打印机、计算器、办公家具等，还生产电子打字机、计算器，并开始生产数控产品。公司的巨大发展都是得益于 Camillo Olivetti 的儿子——著名的 Adriano Olivetti 的领导。他非常重视技术的发展、创新，产品质量和国际化运作。把现代化的生产带到意大利，他对工业设计的重视造就了 Olivetti 的品牌，也使得 Olivetti 的产品写进各种设计书籍。

塑造了 Olivetti 的优秀设计开始于 1936 年，他聘请 Marcello Nizzoli 全权负责全部产品的设计，他还参与公司的广告设计和建筑设计，包括公司在米兰总部大楼的设计，使公司体现出一种完整、统一的形象。并给很多以后的知名企业提供了宝贵的经验。在 Marcello Nizzoli 的参与下，Olivetti 公司成立了意大利工业设计中心，几乎每一个有名的工业设计师都为其工作过。

Olivetti 百年历史留下了很多经典的作品，当然最经典的无可非议是 Ettore Sottsass 在 1969 年设计的 Valentine（情人）便携打字机。这一红色的 Valentine 是各种媒体如电影、杂志中见到最多的经典打字机。纵使放在现在，把打字机换成笔记本，仍有很多人喜欢。Valentine 被收入纽约现代艺术博物馆珍藏。

◎ 图 1-12 伦敦地铁视觉识别系统

图 1-12 伦敦地铁视觉识别系统

伦敦地铁是世界上第一条客运地下铁路，始建于英国维多利亚时期的 19 世纪 60 年代，于 1863 年 1 月 10 日建成通车。一百多年来，它不断发展、历久弥新,再加上其一整套世人熟知的视觉形象,成为伦敦乃至英国的符号。时至今日,伦敦地铁早已成为视觉设计的典范,给世界上其他城市铁路系统留下了无数可借鉴的设计资本。

伦敦地铁著名的红色圆环加蓝色横条的标识,学名叫做"圆标"(Roundel)。Roundel 最初是古代欧洲纹章的一部分,后来逐渐用于军用飞机机身上的国籍标志。进入现代,圆标成为许多公司企业的 logo,尤其常见于汽车品牌。

1913 年,伦敦地铁聘请字体设计师爱德华·约翰斯顿设计地铁的企业形象。1917 年设计完成,爱德华·约翰斯顿改变了圆标的尺寸比例,把实心圆形更改为圆环,横条文字采用他设计的新字体。这就是我们今天看到的地铁标识的原型。新标识随即被伦敦地铁注册为商标。

1919 年,新标识正式用于伦敦地铁的各类宣传。从 20 世纪 20 年代早期开始,地铁车站和站台上的站名逐渐更换为新式设计。如今,每座地铁站外部和站台上随处可见伦敦地铁圆标,横条中的文字即为该站名称大写,如"OXFORD CIRCUS",乘客在列车车厢内就可以清晰地看到。

2.2.1 企业经营管理的需求
20 世纪 50 年代,美国的经济高速发展,新企业纷纷成立,大企业的经营则趋向国际化,向海外拓展市场。此时迫切需要一套系统的企业形象塑造的方法,用以体现企业的经营思想和文化理念,在受众面前制造视觉冲击和识别差异,从而提高企业在市场中的竞争力。

2.2.2 车辆文化的社会背景
美国的交通在 20 世纪 50 年代得到大力发展,私人车辆成为了出门代步的工具,交通的发展带来了服务业的迅速发展。加油站、快餐店、旅馆、饮料店等服务行业应运而生。为了吸引驾驶员的注意,这些店铺都设计得简单明了。车辆文化也使得连锁店的经营方式应运而生,麦当劳、肯德基、假日旅店等都迫切需要统一识别的企业形象。

2.2.3 工业设计学的兴起
工业设计学是 20 世纪 20 年代前后,德国的"包豪斯设计学院"联合各国一些著名的建筑师、画家、雕刻家、摄影家、印刷专家和工程师共同奠定的。二战后,工业设计在制作高质量的批量产品过程中,作用明显增强,美国企业就响亮地提出"以设计促销量"的口号。工业设计成为调节市场、扩大销售和提高生产品竞争力的有力手段。同时,工业设计学的兴起,也为 CIS 的设计制作提供了方法,特别是印刷技术的普及和提高等。

这一切营造了 CIS 需求的大环境,造就了 CIS 促发的良好时机。二战后,国际经济逐步恢复,各行各业经营范围扩大,企业经营倾向多元化、国际化。

1956 年,美国 IBM 公司董事长托马斯·瓦提逊提出:"IBM 之所以能取得今天的成绩,当归功于创业者的开拓和创造精神。公司应如何将这一些特色有效地传达给世界人士呢?" IBM 的首席设计顾问艾略特·诺伊斯回答道:"应该透过一切设计传达 IBM 的优点和特色,并使公司的设计应用统一化"。从此,IBM 在这种思想的指导下,展开了新的设计开发,由设计师保罗·兰德完成其标志、标准字体的设计。构筑了一个完整的设计系统,用以传达统一的 IBM 形象。从此以后,IBM 迅速被世界各地的同行所认知、认可,成为具有国际影响的世界企业,并有了美国"蓝巨人"之称,这个设计系统就是我们今天所讲的 CIS 系统。可以说,IBM 开创了 CIS 的先河(图 1-13、图 1-14)。

图 1-13 IBM 公司视觉识别系统

(1888)　　　　(1891)　　　　(1911)　　　　(1924)

(1947)　　　　(1956)　　　　(1972)　　　　Current Logo

▣ 图1-14 IBM 公司标志演变　　随着时代的变迁 IBM 的标志由繁琐复杂变得愈发简洁大方，充分体现了标志的时代性。

▣ 图1-15 可口可乐公司的广告招贴　　　　　　　　　　　　　　▣ 图1-16 可口可乐公司的广告招贴

随着 IBM 导入 CIS 的成功，美国许多企业纷纷效仿。1886年，美国亚特兰大药剂师派伯顿创造了可口可乐饮料。百年来，以其独特的口味风靡全球，品牌形象已经非常稳固。然而，在1970年，可口可乐公司却大张旗鼓地导入 CIS，革新了世界各地的标志形象，将其鲜明的红色散播到了世界各地，为适应新的时代而率先向前迈进，以领导时代潮流（图1-15、图1-16）。

从此 CIS 在美国迅速发展普及。初期导入 CIS 并获成功的还有

图 1-17 美孚石油公司标志

图 1-18 西屋电气公司标志

图 1-19 日本马自达公司部分视觉识别系统

美孚石油、西屋电气、远东航空等企业。至今,美国但凡有股票上市的大公司均实施了 CIS,从而显示了 CIS 所具有的不可阻挡的力量(图 1-17、图 1-18)。

2.3 在日本成熟(20 世纪 70 年代)

竞争方式的改变是 CIS 在 20 世纪 70 年代的日本兴起的主要原因。商业间的竞争,从"商品力"和"销售力"竞争的时代转向了与"形象力"三足鼎立的时代。

20 世纪 70 年代以来,日本成长为仅次于美国的经济大国。一向善于融汇东西方文化的日本,很快便发现了设计与管理两股历史潮流汇集起来的巨大威力。日本人把美国 IBM 的视觉识别系统,与现代管理科学熔于一炉,产生了日本 TDK 的 CIS 手册与马自达的全面推行视觉识别系统,以及理念识别、行为识别与视觉识别完整体系的理论框架,使 CIS 在日本人那里走向成熟阶段(图 1-19~图 1-21)。CIS 与企业管理科学的结合,不但使 CIS 走向成熟,而且使企业文化学走向成熟。企业文化成了 CIS 的核心,以 CIS 为外壳的企业管理模式成了企业文化的血

图 1-20 Daia 日本大荣公司部分视觉系统

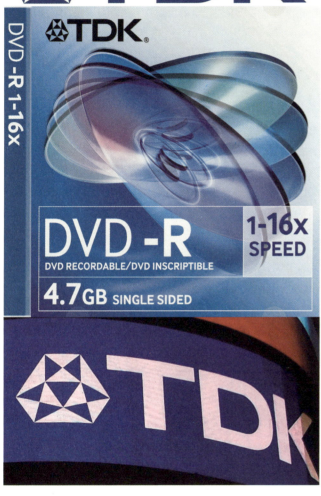

图 1-21 TDK 集团日本东电化公司标志

图 1-22 中国太阳神公司标志

图 1-23 中国太阳神公司标志与包装

肉之躯。日本企业对 CIS 的理解和追求，是在实际需要中提升的。日本将外来文化与本国文化创造性地结合，创造了具有本民族特色的 CIS 理论，将 CIS 上升到了理论层次。

2.4 CIS 进入中国 (20 世纪 80 年代)

CIS 进入中国是在 20 世纪 80 年代中期，最初是由设计界引入的，当时被作为美术学院设计专业的一个课业项目。

应该说在此之前，我国的大众对 CIS 并不陌生，如铁路、民航、人民银行以及一些高级宾馆、酒店在一定程度上实施了 CIS。但在树立企业形象和视觉统一规范上认识不足，没有明确的目的性，使得人们对其难于辨认。

中国大陆首家导人 CIS 的企业是广东太阳神集团公司。太阳神集团公司原是一家很小的民间股份制乡镇企业，1988 年决定导入 CIS 系统，太阳神系列产品脱颖而出，奇迹般发展起来，成为老少皆知的"名牌"。CIS 导入的成功，使太阳神集团公司在市场上树立起鲜明而深刻的形象（图 1-22、图 1-23）。

在我国体育用品行业崛起的李宁运动服装有限公司，也是借助

CIS。其设计以"L"为定位,创造出飘逸动感的标志,象征着运动、跨越、腾飞的形象,使李宁运动服装系列一举走红,产生强烈的"名牌效应"。CIS的魅力吸引其他企业也争相导入CIS系统,塑造了一批有个性的企业形象,如:乐百氏、奥林、浪奇、卓夫、科龙容声、丽臣等。广告界对于CIS的探索和实践付出了艰辛和不凡的努力。并且由于中西民族文化的差异,产生了CIS设计的民族性和不同的中西模式(图1-24、图1-25)。

中国银行的CIS被公认为经典之作。中国银行标志以靳埭强先生为首的靳与刘设计顾问有限公司设计,是将古钱币与"中"字结合,赋予简括现代的造型,表现了中国银行资本、银行服务、现代国际化的主题。这款标志在20世纪80年代首先在香港使用,1986年中国银行总行选定了此设计为行标。这是近代中国标志设计的典范。中国银行的CIS设计手册,经过长时间规划,每一项应用设计都不是纸上谈兵,而是经过实践,针对困难去解决问题,脚踏实地去做。在当时中国没有一家银行是用白底的,一般的顾虑是白色不耐脏,但换一个角度来看,保持一个银行的标牌光亮如新亦是一个国际性银行应表现的标准。这么多年来中银从自己的高度上证明这片白的大气与优雅,这成为同行仿效的标杆(图1-26)。

CIS发源于欧洲,发展于美国,成熟于日本,在中国进一步升华。欧洲的CIS体系严谨,风格朴实。建立在欧洲统一设计基础之上,形成美国式现代豪放、洒脱而严密的商业文化。日本在积极学习与借鉴外来文化的基础上,完善与发展了CIS理论的行为识别系统与理念识别系统,建立科学的CIS体系。

中国在CIS体系的基础上,进一步升华为"形象策略",深刻体现出了"致广大而极精微"的思想体系。

3 CIS的构成要素及相互关系

CIS是一项系统工程,它是由理念识别MI(Mind Identity)、行为识别BI(Behavior Identity)、视觉识别VI(Visual Identity)三个子系统构成不可分割的完整体系。它们为了一个共同的目标而相互组合、相互作用、相辅相成,又彼此相互制约,形成三者缺一不可的整体关系。

3.1 深层的精神文化——MI

MI(Mind Identity)理念识别是整个CIS系统的核心。企业经营理念的完善与明确,是整个企业识别系统的关键,它既是企业内涵的集中表现,也是建立整个企业识别系统运作的原动力

图1-24 健力宝标志

图1-25 李宁标志

图1-26 中国银行标志

和实施基础。它以企业的经营理念为出发点，将其经营方针、经营宗旨与存在价值以及外在利益、行为准则、精神标语，以企业沟通的方式得以明确化。

MI包括企业的使命、经营理念、经营策略、发展战略、精神标语、座右铭、企业文化、价值观念、道德准则等基本内容。企业使命是企业依据社会使命而进行的活动；经营理念是企业依据经营思想或价值观而进行活动的依据。

企业经营理念是企业发展之根本，各著名企业皆有其鲜明的经营理念。如麦当劳公司之所以能成为世界上最大的快餐集团，与它明确极具特色的企业理念"Q.S.C+V"是分不开的，Q.S.C+V即Quality.Service.Cleanness&Value。意思是麦当劳为顾客提供品质上乘、服务周到、环境清洁、物有所值的产品和服务，这种企业的经营理念，无论在世界任何地方的麦当劳快餐店，您都能切身地体会到，这也就不难明白在强手如林的竞争中，麦当劳为什么能始终立于不败之地（图1-27、图1-28）。

3.2 浅层的行为文化——BI

BI(Behavior Identity)行为识别，是以明确完善的企业经营理念为核心，制定企业内部的制度、组织管理、教育、行为等。另外，企业的社会公益活动、赞助活动、公共关系等动态识别也属于行为识别范畴（图1-29、图1-30）。

行为识别包括对内与对外两部分。①企业内部的行为识别，通过干部教育、员工教育（服务态度、电话礼貌、应答技巧、服务

图1-27 麦当劳的企业理念

图1-28 麦当劳的产品

图1-29 2008北京奥运会的行为识别——志愿者的表现

图1-30 2008北京奥运会的行为识别　礼仪小姐的表现,从服装、身高、体型、外貌以及笑容都有严格的标准。

水准、作业精神)、工作环境、内部营销、研究发展等来体现。②企业外部的行为识别,包括市场调查、产品开发、公共关系、促销活动、流通政策、股市对策公益性和文化性活动等。

企业的行为识别几乎涵盖了整个企业的经营管理活动,不同的企业,在内涵上又有所不同。如银行业重视外观形象和社会形象,销售企业重视外观形象和市场形象等。在企业行为中能直接作用到公众,形成公众的印象与评价的因素,主要可分为7种形象24项因素,包括:

①技术形象:技术优良,研究开发力旺盛,对新产品的开发热心;②市场形象:认真考虑消费者问题,对顾客服务周到,善于宣传广告,消费网络完善,很强国际竞争力;③公司风气形象:清洁,现代感,良好的风气,和蔼可亲;④未来性形象:未来性,积极形象,合乎时代潮流;⑤外观形象:信赖感稳定性高,企业规模大;⑥经营者形象:经营者具有优秀的素质;⑦综合形象:一流的企业,想购买此公司股票,希望自己或子女在其公司工作。

3.3 表层的视觉文化——VI

VI(Visual Identity)视觉识别,是企业在MI、BI的基础上,所设计的向外界传达的全部视觉形象的综合,也是CIS的具体化、视觉化、符号化的过程。在CIS系统中是最直接、最有效地建立企业知名度和塑造企业形象的方法。它能够将企业识别的基本精神及其差异性充分地表达出来,以使消费大众识别并认知(图1-31)。

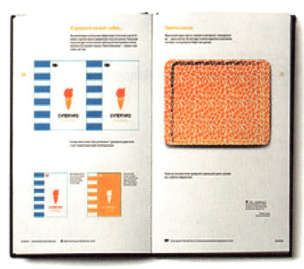

图 1-31 SUPERGYRO 企业形象设计（一）

图 1-31 SUPERGYRO 企业形象设计（二）

视觉识别系统一般分为基本设计系统和应用设计系统两大类。在基本设计系统中又以标志、标准字体、标准色为其核心。标志是其核心之核心。它是促发所有视觉要素的主导力量。由于各企业的性质不同，在其应用设计系统的项目中则重点就不尽相同，取舍不一。

3.4 MI、BI、VI 之间的关系

在整个 CI 系统中，MI 是核心，是根基，能够为 CI 吸取营养，是指导 CI 的方向、依托。BI 是企业规定对内对外的行为标准，是企业形象的载体，是架在 MI 和 VI 之间的桥梁。VI 是外在的具体形式和体现，是最直观的部分。它以形式美感染人、吸引人，是人们最容易注意到，并形成记忆的部分。如果用一个人来形容 CI，在这里 MI 就是企业的心，BI 就是企业的手，而 VI 则是企业的脸（图 1-32）。

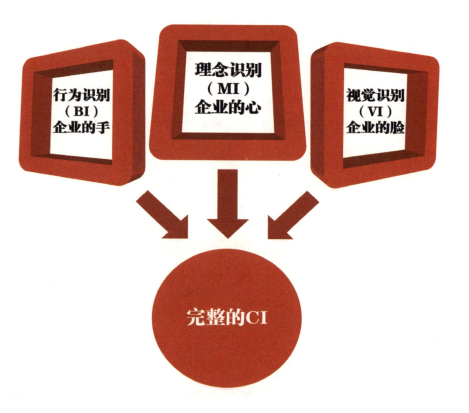

图 1-32 MI、BI、VI 之间的关系

第二章 CIS 导入从策划到实施

以公司经营者为中心的筹划委员会，先研究 CIS 计划，慎重讨论企业必须实施 CIS 的理由，了解实施 CIS 的意义和目的。然后，再决定 CIS 计划的大概范围：是只改良企业标志、象征造型呢？还是要彻底、重新检讨整个企业理念？

1 CIS 导入基本程序

企业导入 CIS 的基本程序，可分为 CIS 策划的准备；企业现状分析；理念和领域的确定；企业结构的调整；表现整合等五个阶段。

1.1 CIS 策划的准备

CIS 筹划委员会的成员，一般而言，都是从公司内各部门的中级主管中选出，以 5～10 人为最适合。同时，企业还可以请专家来公司演讲，或派人到已经实施 CIS 的企业请教学习。一旦决定要实施 CIS，就要组织 CIS 委员会，以设计今后计划的预定时间表，并同时决定由哪一家专业 CIS 设计公司负责。一般 CIS 计划的导入时间约需一年半左右，最短也需一年的时间。

1.2 企业现状分析

现况分析，包括企业内部环境和外部环境。关于企业内部环境的分析，必须先进行意识调查，企业最高负责人必须与各部门主管进行会谈，甚至和员工面谈，再进行企业形象调查、视觉审查……活动，找出公司当前面临的课题，使 CIS 计划中的主题明确化。企业外部环境的分析，是指对现代社会的分析。如当前市场状况的分析、其他企业的形象分析……相关分析活动，以确实掌握本公司在行业中的地位，并探索、检讨公司今后的存在位置。

1.3 理念和领域的确定

根据第二阶段对现状的把握，便可进而重新检讨企业理念和事业领域（图 2-1）。

图 2-1 印度星空传媒启用新 Logo 并推出新频道

以企业的经营意志和社会、市场背景等为基础，预测10年后、20年后的情况，以确定公司的事业领域。同时，将现存的企业理念和现在、未来相对照，据此而规划出企业的活动范围。

1.4 企业结构的调整

根据企业理念、事业领域来检讨企业内部的结构后，着手改善企业素质的工作就必须紧接着展开。在外界CIS专业公司或幕僚人员的协助下，设定企业内的组织和体制，以及信息传递系统，以塑造新的企业素质。

1.5 表现整合

"表现"，包括行动表现和视觉表现两方面。

行动表现，是指透过企业结构的调整过程，必然会表现出来的新企业活动。关于员工行动方面，可积极推行内部促进运动，展开全公司的企业理念浸透计划，使企业整体的行动统一化。

其次，企业在视觉媒体上的表现，也必须加以统一。根据统计，在人的生理性情报的摄取机能中，视觉情报约占80%，所以必须特别重视。

设计表现的综合是传递企业形象的利器，它和信息传递的效率化、媒体制作的效率化，也有密切关系。

这个阶段的工作，更可细分为：基本设计要素的开发、应用设计系统的开发、实施设计和实施系统的开发等几个阶段。

基本设计要素包括标准字、企业标志、公司名称标准字等视觉要素。在过去，企业标志是必然要重新开发的项目，最近更出现一种新的趋势，即利用公司名称标准字的标准化，而达到象征的效果。例如，SONY公司并未设计企业标志，而以标准字作为标志来使用。一般而言，将公司名称的英文标准字设计成标志的形式时，大致以4～5个字为限。

制作应用设计系统时必须考虑，企业主要是采用哪一种信息传递媒体来表现日常的企业行动。如果是制造厂商，则产品和产品包装是主要媒体；如果是连锁企业，则以各店铺为主要媒体；如果是运输业，主要媒体当然是车辆。其他一般的应用项目包括事务用信封、信纸、识别标志、制服，以及宣传、广告的各种媒体等（图2-2）。

整体而言，企业要一口气改善所有的设计并使之统一化，的确不太容易，还必须考虑到费用和时间的问题。所以企业可以根

图2-2 马来西亚最大银行　马来亚银行(Maybank)启用新Logo，标志较之以前更加简练富有时代气息，标准字体显得更加修长大气。展现了马来西亚银行的新面貌新气象。

据优先顺序，逐步变更之。至于 CIS 计划的过程和重点，则随各公司的情况而异，不能一概而论。

以上五个阶段，只是 CIS 计划的基本程序。CIS 计划中各阶段和程序的配合，依各企业情况而异，企业一定要考虑公司本身的需要和状况，才能发挥 CIS 的效果。

2 CIS 的实施策略

CIS 导入，是指结合企业的具体情况，开始推行或再次推行（对以前已实施的 CIS 进行修改和变动）的全过程。CIS 导入是实施 CIS 的关键阶段。它确定了本企业 CIS 的各项基本要素的内容，形成 CIS 执行的关键文件《CIS 手册》，以及全面实施 CIS 的计划。CIS 导入一般要求在一定的计划时间内，保质保量按期完成。

CIS 全面实施，是指根据 CIS 导入制定的计划和内容，进行全面执行和推广。它是具体实现 CIS 的阶段，也是 CIS 全面落实和获得效果的阶段。而且又是一个长时间需要严格管理的阶段（图 2-3、图 2-4）。

2.1 CIS 导入的内容和顺序

下面我们详细罗列了 CIS 导入的一般内容和顺序。CIS 导入必

▣ 图 2-3 PWC 普华永道国际会计公司 VI 设计

▣ 图 2-4 PWC 普华永道国际会计公司 VI 设计

普华永道国际会计公司是由六大会计事务所中规模最小但声望最高的 Price Waterhouse（普华）与 Coopers & Lybrand（永道）成功合并组成的。于 1998 年 1 月 1 日公司更名为 PricewaterhouseCoopers。整个 VI 设计用了明快活泼的色彩，与人们概念中会计行业的枯燥严肃形成对比，在行业中显示出差异性，同时塑造了公司积极向上、乐观自信的企业形象。

图 2-5 亚洲天网航空（SNA）推出新品牌 Solaseed Air

须严格遵守这个顺序进行。但是，对于不同的企业由于自身的特殊性，可能有所不同，企业可根据自身的具体情况仔细推敲决定。它是一项细致的工作，需要企业全体职工和所有部门的共同参与（图2-5）。

（1）确认企业CIS导入的"目的"和"计划"被批准，也即由企业内部经过多方讨论确定的目的和计划，经企业领导批准实施。（2）CIS导入的组织落实。包括：①企业内部成立专门负责CIS实施的部门和领导机构；②与帮助实施CIS的公司签订合同；③确定在实施过程中各有关部门的权利和义务。（3）与CIS实施有关的所有部门和人员共同研究确定实施目的、目标、实施方针及有关事宜。（4）制定导入计划，包括时间进度计划，及各个阶段的详细内容。（5）在事前对形象调查内容、方法、对象的确定，可委托或自行调查组织的确定，也可进行问卷设计、审查和确定。（6）实施调查。（7）再次确认本企业的经营战略、经营方针等。（8）对调查进行统计分析。（9）根据调查分析的有关资料，确定或再次确认企业的经营理念的简要表达形式。（10）把最后确定的"理念"简要表现形式，以报告的形式交付有关部门和职工进行讨论。（11）调查和收集对"理念"的讨论结果。（12）与企业最高领导确定用简要形式表现的企业理念。（13）以理念为核心，系统检讨行为识别（BI）和视觉识别（VI）实际的有关问题。（14）由专业设计单位和设计师进行视觉和行为设计。（15）由设计者对视觉识别（VI）要素（企业名称、标志、标准色、标准字等）部分的一个或几个方案进行说明，并形成报告。（16）将视觉识别（VI）要素的图案和报告，在企业内部进行展示和讨论。（17）对设计进行事前实验，邀请企业内外部有关人员在看完展示后填发问卷和进行统计分析。（18）总结讨论和根据实验结果，对方案进行确定、修改、或重新设计。（19）对设计完成的企业名称和标志到工商行政管理部门进行法律确认并登记注册。（20）结合本企业特点，确定视觉识别（VI）"应用设计"应包括的内容。（21）对视觉要素设计进行确认，向设计者提供应用设计的内容、项目和要求。（22）对行为识别（BI）设计者提供的设计和报告进行讨论、修改和确认。（23）确定有关行为识别（BI）中有关要素的设计和策划的内容、项目和要求。（24）对完成的全部设计进行审核和最后确定。（25）进行《CIS手册》的设计和印刷。（26）研究确定对企业内外的CIS传达、宣传计划。（27）对CIS应用设计的有关内容进行制作。（28）实施对内宣传计划。（29）实施对外宣传计划。(30)根据最初实施情况，进一步制定全面实施方案。(31)全面实施 CIS。

以上内容和工作顺序对于具体的企业应认真审核，并结合本企业实际情况加以修改、增减和完善。

2.2 CIS 的全面实施

CIS 全面实施是指根据 CIS 导入制定的计划和内容，进行全面执行和推广。它是 CIS 全面落实和获得效果的阶段，是一个长时间、需要严格管理阶段。全面实施 CIS 主要包括以下工作（图2-6）。

2.2.1 企业管理理念和战略的实施

当企业理念与企业战略制定出来之后，一项必不可少的重要工作就是企业内外对自己的企业理念与战略认识与了解，这一点意义重大。为什么有些企业在导入 CIS 之后并没有看到多少成效？一个最根本的原因就是它未能使企业理念与企业战略深入企业内外所有有关组织和有关人员中。所谓有关组织和有关人员，主要包括消费者、股东、金融界、供应商及中间商、政府有关职能部门、社区、大众传播媒介、企业内部员工及员工组织等。

全面实施的目的在于使企业内外的所有有关组织及人员都明了本企业在干什么和为什么而干，从而能够获得"认同"，进而获得一种亲和力与心理上的共鸣。只有这样，企业的理念与战略才能真正发挥它应有的作用。

2.2.2 促进企业主体性的形成

CIS 全面实施，就是用理念真正促进企业主体性的形成，而不是停留在抽象的表现形式上。这一问题我们在分析企业理念表现形式一节已有详细论证。

真正理念主体性、统一性的实现，是需要付出长期、艰苦的努力

图 2-6 青山湖 8 号房地产楼盘 VI 设计

才可能真正做到的。理念统一性实现的一个重要特点是，它非常类似"宗教"的形式，它不仅要得到不断的灌输、教育，更重要的是靠具体的事实对抽象理念的"解释"，靠故事、靠人，尤其是企业管理者的身体力行逐步形成的。当然，理念推广必须通过多种形式，而不是简单的教条式的说教形式。

2.2.3 将视觉识别全方位地应用

CIS 全面实施一开始的重要工作之一，就是将设计出的视觉识别（VI）全方位地应用。每个企业都有外部标志，但企业是否已引进 CIS 的一个很大区别，就是系统的视觉识别（VI）全方位地应用。这里所谓全方位，是指一切必须运用和可以利用的地方与场合，这对加强识别记忆有重要意义。

在 CIS 全面实施中，必须强调企业标志、标准字、标准色等要素的使用标准和方法；必须严格按照《CIS 手册》实施，任何变形或特殊使用，要有严格的审批制度（图 2-7）。

2.2.4 规范企业行为

这是商业企业主体性的外在表现，它是一个动态识别过程。在 CIS 全面实施中我们应做好以下几个方面的工作。

（1）根据"行为识别原则"具体制定或修改完善企业的各项规章制度，并严格执行。
（2）通过培训和教育规范领导与职工的行为表现。
（3）根据《CIS 手册》完善内部工作环境。
（4）重新制定或修改职工的提拔与奖励制度，及生活福利的分配制度。
（5）全面实施企业的经营战略、经营方针和政策。
（6）全面重视企业经营管理水平和部门职工素质的提高。
（7）重新制定或完善对消费者利益保护的制度和措施。
（8）重新制定或完善对所在社区的行为原则。
（9）规范企业与有关企业、机构与人员交往的态度和行为准则。
（10）根据《CIS 手册》完善服务环境和购物环境。
（11）保证日常的对外公共关系活动和广告活动的一致性。
（12）加强对社会公益事业的支持。
（13）认真策划和实施加强形象识别的重大公共关系、广告和促销活动等。

3 CIS 手册编制规范

编制 CI 手册是巩固 CI 开发成果的必要手段。尽可能使企业的视觉设计标准化，表现出统一的形象向量，是 CI 的基

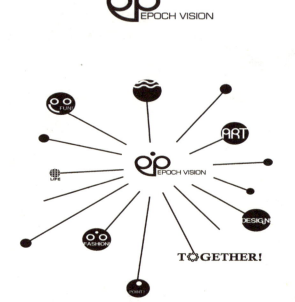
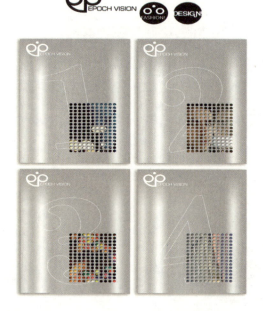

图 2-7 EPOCH VISION 形象系统设计

本目标之一。CI 手册不仅决定了企业今后的识别形象，而且是实际作业时设计表现水准的关键（图 2-8、图 2-9）。

CI 手册是将所有设计开发的项目，根据其使用功能、媒体需要，制定出相应的使用规定和方法。编制 CI 手册的目的在于将企业信息的每个设计要素，以简明正确的图例和说明统一规范。作为实际操作、应用时必须遵守的准则。

CI 手册的编制形式一般有以下几种：

（1）综合编制的方法。将基本设计系统和应用设计项目合编在一起，并以活页式装订，以便于修正替换或增补。国内外不少企业采用这种方法。

（2）基本设计系统和应用设计系统分开编制的方法。依照基本

图 2-8 郁金香岸房产楼盘的 VI 设计

图 2-9 郁金香岸房产楼盘的 VI 设计

设计系统和应用项目的不同，以活页的形式分编成两册，主要是基于使用的方便。

（3）应用项目分册编制的方法。按不同种类、不同内容的应用项目分别编制，适合于大公司、集团化、联合企业使用。

CI手册的发行，原则上应作为企业的规章或条例进行颁发，由CI委员会根据手册的项目和企业相关的管理部门发放。CI手册的内容属于企业的秘密，是不能随意泄露出去的，特别是与企业经营战略有关的内容。

CI手册应广泛推介和宣传，而不应当作为商业秘密锁在保险箱里。因为CI手册本身就是塑造企业形象的元素。我国许多企业部存在一种错误的观念，认为花了几十万制作的CI手册是无价之宝，从不轻易示人，更不做与手册内容有关的任何宣传，究其用心是怕被人抄袭。

VI手册的编制内容，是由总体的CI项目规划所决定的。为了便于设计者学习和参考，让我们将手册的内容做一概要性的说明（图2-10、图2-11）。

◨ 图2-10、图2-11 NICI 的 VI 设计　来自德国旧昆斯塔特Altenkunstadt的NICI是世界知名礼品公司，诞生于1986年。NICI不仅是一个礼品的品牌，它将致力于带给人们时尚潮流的感受，NICI的品牌理念："心为所动，质感毛绒"。NICI将毛绒玩具的设计做到极致，每一款玩具形象都有丰富的背景形象，个性丰满，独一无二。其中的野生朋友系列，每一只动物都能惟妙惟肖捕捉最可爱的表情，细致的手工与绵密均匀的绒毛，传递出NICI最诚挚的创意，不只在全世界每个角落都有忠实的NICI动物迷，每年推出的季节限量款造型动物更是引起各地热烈的收藏风潮。

◨ 图2-11 NICI 礼品公司 VI 设计

第三章 VI 设计的功能与原则

1 VI 的构成

VI 是由两大部分组成的：基础设计系统和应用设计系统。在这里，我们还可以用一棵大树来做比喻，此时基本设计系统是树根，是 VI 设计的基本元素；而应用设计系统是树枝、树叶，是整个企业形象的传播媒介。

在基本设计系统中又以标志、标准字体、标准颜色为其核心，一般称为 VI 的三大核心。整个 VI 设计系统完全建立在其三大核心所构成的基础之上。而标志又是核心中的核心，是促发和形成所有视觉要素的主导力量。

由于各企业的性质不同，在其应用设计系统的项目中，侧重就不尽相同，它需要根据实际情况进行取舍。但无论什么企业，基本设计系统的内容都大同小异（图 3-1）。

1.1 基本设计系统包括：
（1）企业标志；
（2）标准字体；
（3）标准色彩；
（4）企业造型（吉祥物）；
（5）象征图形；
（6）印刷字体；
（7）标准色彩；
（8）基本要素组合规范。

1.2 应用设计系统包括：
（1）事务用品类；
（2）包装产品类；
（3）旗帜规划类；
（4）员工制服类；
（5）媒体标志风格类；
（6）广告招牌类；
（7）室内外指示类；
（8）环境风格类；
（9）交通运输类；
（10）展示风格类；
（11）专卖店风格类；
（12）其他。

2 VI 设计的功能

企业形象是由一定价值观念所决定的组织精神及行为特征在公众心目中的全面反映。这种全面反映或综合印记是在公众通过对组织的历史、领导人、员工、风气、组织结构、行为准则、产品和服务质量、组织环境等要素的接触和了解中形成的。良好的企业形象是企业最重要的无形资产。在当前的激烈竞争中，有效地实施 VI 设计，对于企业形象的树立起着至关重要的作用。

在当今社会，企业形象早已不是一个陌生的字眼。作为社会形象的有机组成部分，企业形象已经渗透到人们生活的方方面面，随时随地影响着人们的思维、情感和消费能力。一个耳熟能详的企业及其品牌名称或者标识，总能触动你的情感，引发你意犹未尽的想象，影响着你的购物决策（图 3-2）。

在品牌营销的今天，VI 设计就代表着一个企业的精神内涵。如果没有 VI 设计，对于一个现代企业来说，就意味着它的形象将淹没于商海之中，让人辨别不清；就意味着它是一个缺少灵魂的赚钱机器；就意味着它的产品与服务毫无个性，消费者对它毫无眷恋；就意味着团队的涣散和低落的士气。

VI 设计的基本功能是通过一定的设计形式，传达企业理念以形成差异性的视觉形象定位。因此采取什么样的设计形式，如企业标志是动感的还是静态的，企业标准色用冷色调还是暖色调，标准字体采用何种形态，都是由企业形象定位来决定。所以 VI 设计的前提是设计理念，理念决定形式。没有任何一件

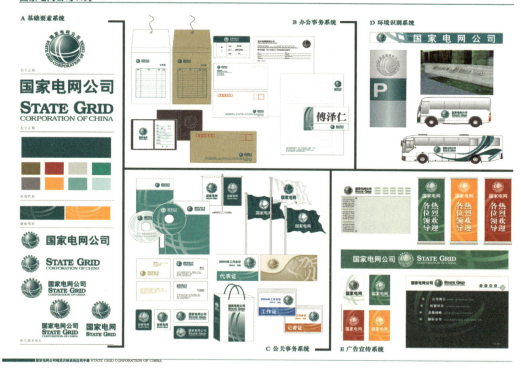

图3-1 国家电网公司视觉识别系统

图3-2 肯德基视觉识别系统

企业形象优秀作品是靠灵感来的，而是对企业形象定位的准确把握，通过形象设计充分体现其企业理念。VI 设计过程就是理念与图形的经营过程。

VI 的两大功能：

2.1 对内功能
VI 的对内功能是指 VI 在塑造企业形象中对企业内部经营管理的作用。其主要表现在企业文化的建设，企业凝聚力的提高，技术、产品竞争力的增强以及企业多角化集团化经营优势的取得上。

2.1.1 强调企业文化
企业文化是企业成员所追求的固有价值、思维方式、行为方式和信念的综合。它是企业成员在企业长期的生存斗争中逐渐吸取经验和教训而发展起来的。企业文化的最大作用，便是强调企业目标和企业成员工作目标的一致性，强调群体成员的信念、价值观念的共同性，强调企业对成员的吸引力和成员对企业的向心力。因此它对企业成员有巨大的凝聚力和内控力。

2.1.2 增强企业竞争力
VI 通过统一视觉设计，通过对产品包装、广告等的一致性设计，能赋予产品各种形象，能紧紧抓住消费者的心，使产品增强在市场上的竞争力（图 3-3）。

2.1.3 增强企业集团化
中国企业目前正向集团化、国际化经营迈进，目的是使企业各个经营项目之间共同利用某些资源，产生协同效果，增强企业适应不同市场环境变化的能力，使企业营运更加稳健、安全。在这种集团化、国际化的经营中，最关键的是要取得集团各关系企业的协同，使多种企业不同的价值观、不同的经营理念、不同的行为规程、不同的视觉识别系统统一起来，发挥合力。而

图 3-3 苹果公司历代产品设计

VI战略的运用，可以有效地使集团各关系企业互相沟通与认同，相互协作与支持，使协同效应发挥到最大。

2.2 对外功能

在塑造企业形象中，对外功能主要表现在有利于提升企业形象，扩大企业知名度，有利于公众的认同以及有利于企业公共关系的运转等，为企业创造出一个良好的经营环境，使企业与政府、供应商、经销商、股东、金融机构、新闻界、消费者等企业相关的组织和个人都保持良好的关系（图3-4、图3-5）。

◨ 图3-4、图3-5 苹果公司的用户体验与销售展示

一般来说，公众对企业形象的认识经历这样一个过程。

3 VI 设计的原则

企业的生产经营不仅是商品从生产到实现利润的过程，而且是企业与消费者、竞争者、供应者、政府机构等发生互动影响，并取得均衡的过程。从大背景考虑，要求企业不能是一个孤立的生产交换活动单位，而应是与社会紧密关联的，是长期稳定的市场经济链中的一环。

3.1 系统性原则

专业的 VI 策划，正是根据企业的社会性和整体发展要求来展开的，它包含了企业在发展战略、管理、营销、广告、公共关系等众多领域的视觉体现，是一项系统工程（图 3-6）。

3.2 可操作原则

VI 策划不但为企业的形象战略提供策略的指导，而且为企业提供了具体的行动规范，从而使企业的形象工程，能够在策划的指导下顺利进行。VI 的有效实施，是 VI 策划的直接目的。因此，VI 策划必须十分注重可操作性，包括在具体的实施上有可操作性的方法和原则（图 3-7）。

VI 策划为企业或社会管理组织的形象塑造与传播，提

■ **图 3-6 清悟源视觉识别系统** 标志是有篆刻特点的标准字体，加以有国画特色的辅助图形，提升了标志的文化底蕴，同时标准色古色古香和标志相得益彰。

供了内在的向心力与凝聚力，为企业或社会组织的形象管理与维护，提供了权威性的操作标准与技术标准。

3.3 整体性原则

VI设计的最大特征就是它的系统性、整体性。VI策划、设计不是将企业的各个环节进行孤立的策划，而是在统一的原则指导下，进行全盘的考虑，保证各环节内容的和谐统一。VI策划，虽然包括很多项目，但它们并不是彼此孤立的，而是犹如人的四肢五脏，由一个统一的策略思想构成一个和谐的生命体，共同为塑造和强化企业形象而奋斗。

3.4 调适性原则

市场、企业、消费者是在不断变化的，因而企业的VI策划内容也应适应这一变化及时进行调整。VI策划具有阶段性，并存在着增补或变更的机会，但应严格按VI工作程序，由专业的形象设计公司和企业专门的VI导入委员会共同来完成，以维护VI的完整性和规范性（图3-8）。

如果企业忽视了VI策划的可调适性，就必然会导致VI策略的僵化。随着企业的快速发展，长期执行下去，不但不会对企业的经营活动起到促进作用，反而会成为企业经营活动顺利进行的障碍。

3.5 原创性原则

原创性是VI设计最基本也是最高的要求。原创性，是指VI的每一项设计方案，均是根据企业的具体实际提出的，反

图3-7 Bon Secours St. Francis 基金会视觉识别系统

图3-8 荷兰皇家壳牌集团

(1900)　　(1904)　　(1909)　　(1930)　　(1948)

(1955)　　(1961)　　(1971)　　(1995)　　Current Logo

对任何形式的抄袭和剽窃。原创性体现为一种锐意创新的精神，这是 VI 设计的生命力。VI 本身作为一种"差别化战略"，以塑造富有强烈个性的企业形象为目的。这就要求 VI 设计必须为了企业在参与市场竞争时，能充分塑造企业独特的个性和魅力，而通过"原创性"形成"排他性"。

原创性并不是指天马行空、肆意妄想，而是指建立在严谨的实证、调研基础上的一种设计原则和思想。它体现了一种"人无我有，人有我新"的创新精神（图 3-9）。

3.6 前瞻性原则

VI 策划、设计，是对企业未来较长一段时期内的企业视觉传达进行系统的规范，以适应未来市场可能发生的变化。因此，VI 设计，虽然是以现在的实态调查为基础提出的。但它所要实现的目标是使企业树立一个长久、稳定、鲜明的个性形象，有利于企业的未来发展。因此 VI 设计更多地要考虑为未来一个阶段企业发展对形象的要求，留下足够的延展空间（图 3-10）。

3.7 法律性原则

企业的视觉形象（包括企业标志、标准色、标准字体及其相互之间的组合作为企业的无形资产，需要通过一定的法律程序予以登记注册，成为商标，才能真正受到法律的保护。因此在进行 VI 设计时，应充分符合国家商标法、知识产权法、广告法等有关的法律法规，并在长期的形象管理和维护过程中，依据法律所赋予的权利来保护自己的形象不受侵犯（图 3-11）。

3.8 艺术性原则

企业标志形象、标准字等视觉识别是一种视觉艺术，同时，对视觉的欣赏过程也是一种审美过程。因此企业的 VI 视觉识别系统的设计必须符合美学原理，适应人们审美的需要（图 3-12）。

3.9 民族性原则

各个不同民族的文化均有自己的特点，在语言、文字、审美、色彩、图形等方面，每个民族都有它的偏爱和厌恶。因此在 VI 设计时必须注意传达民族的个性，不符合民族习惯的视觉设计必然是失败的。尤其是随着中国市场的国际化程度越来越高，在全球化的浪潮下，参与国际性 VI 设计项目的机会也将越来越多，因此必须充分重视 VI 设计的民族性原则（图 3-13）。

◘ **图 3-9 国外电视频道 VI 设计** 将电视、欢笑与气球组合在一起，再加上轻松活泼的色彩，很好地体现了品牌的行业特点。

图 3-10 chimagri 公司 VI 设计

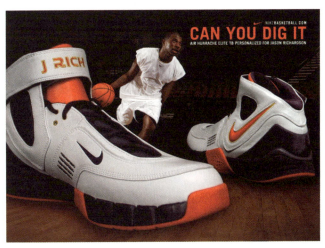

图 3-11 耐克标志与海报招贴

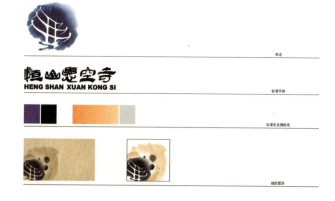

▣ 图3-12 三里屯SOHO标志　标志新颖时尚，符合品牌诉求。

▣ 图3-13 恒山悬空寺的标志　图形用充满中国民族性的元素水墨作底，加之具有民族特色的建筑线描，文字为书法体，整个设计在民族性与艺术性方面表现突出。

第四章 VI 的设计

导入 VI 是企业信息传播的系统工程。企业的视觉识别系统将企业理念、企业价值观，通过静态的、具体化的、视觉化的传播系统，有组织、有计划和正确、准确、快捷地传达出去，并贯穿在企业的经营行为之中，使企业的精神、思想、经营方针、经营策略等主体性的内容，通过视觉传达的方式，使社会公众能一目了然地接受企业的信息，产生认同感，进而达到企业识别的目的。

1 企业形象定位分析

企业识别系统设计的首要问题是企业必须从识别和发展的角度，从社会和竞争的角度，对自己进行定位，并以此为依据，认真整理、分析、审视和确认自己的经营理念、经营方针、企业使命、企业哲学、企业文化、运行机制、企业特点以及未来发展方向，使之演绎为视觉的符号或符号系统。其次，是将具有抽象特征的视觉符号或符号系统，设计成视觉传达的基本要素，统一地、有控制地应用在企业行为的方方面面，达到建立企业形象之目的。

在设计开发过程中，从形象概念到设计概念，再从设计概念到视觉符号，是两个关键的阶段。这两个阶段把握好了，企业视觉传播的基础就具备了（图 4-1）。

图 4-1 重庆城市形象设计

就 VI 设计开发的程序而言，可依以下步骤进行：

（1）制作设计开发委托书，委托设计机构，明确 VI 设计的开发目标、主旨、要点等。
（2）说明设计开发要领，依调查结果订立新方针。
（3）探讨企业标志要素概念与草图，即探讨拟定标志设计概念，再从构想出来的多数设计方案中，挑选几个代表性的标志草图。
（4）企业标志设计案展现。
（5）选择设计及测试设计案，包括对外界主要关系者，公司内部职员进行设计案的意见调查，进而选定造型性和美的价值反映良好的作品。
（6）企业标志设计要素精致化。对选定的标志设计案，进行精致化作业，造型上的润饰，应用上的审视，以利于开发设计。
（7）展现基本要素和系统的提案。其他基本要素的开发可和标志要素精致化同时进行，将标志，要素同其他基本设计要素之间的关系、用法、规定提出企划案。
（8）编辑基本设计要素和系统手册。
（9）企业标准应用系统项目的提案。进行展开应用设计，包括名片、文具类、招牌、事务用名等，在此阶段建立应用设计系统。
（10）一般应用项目的设计开发。在上述阶段所开发设计的项目之外，按照开发应用计划，进行一般的应用设计项目设计开发。
（11）进行测试、打样。
（12）开始新设计的应用。
（13）编辑设计应用手册（图 4-2）。

2 基础部分

基础部分的主要内容包括：标志、标准字、标准色、基本要素的组合、吉祥物和象征图形等六方面的内容。

2.1 标志

标志是企业品牌的图形化符号，抽象地反映行业特征、表现企业精神，是企业文化及形象的浓缩，往往极具个性，替代语言沟通企业内部与外部相关者，是企业形象最简洁的表述形式。

在 VI 设计中，标志是贯穿始终的灵魂。它是企业形象基本架构的创作之源，是发动所有视觉设计要素的主导力量，是应用得最广泛、出现频率最高的要素。因此，标志是综合所有视觉设计要素的核心（图 4-3）。

2.1.1 标志的特点

作为标志应具有识别性、准确性、艺术性、功用性、系统性、延

图 4-2 丸石 VI 设计

图 4-3 里约热内卢奥运会的会徽　体现了里约的特色和这座城市多样的文化，展示了热情友好的里约人和这座美丽的上帝之城。会徽设计基于四个理念——富有感召力的力量性、和谐的多样性、丰富的自然性和奥林匹克精神。

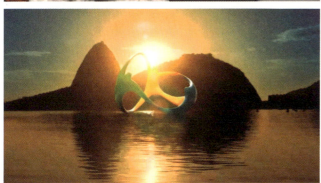

展性、时代性 7 个方面的性能，是由其自身的品性决定的。

(1) 识别性
标志最突出的特点应该是易于识别，能充分显示事物自身特性，并区别于同类事物的功能。各种标志直接关系到国家、企业乃至个人的根本利益，决不能相互雷同、混淆，以免造成视觉混乱。因此标志必须特征鲜明，易于识别，并过目不忘。

(2) 准确性
标志无论是指示什么、说明什么，是寓意还是象征，其含义必须准确。首先要易懂，符合人们认知心理和认知能力。其次要准确，避免意料之外的多解或误解，尤应注意禁忌。让受众在尽可能短的时间里准确识别信息，这正是标志优于语言、快于语言的长处。

(3) 艺术性
凡经过设计的非自然标志都具有某种程度的艺术性。既符合实用要求，又符合美学原则。给人以美感，是对其艺术性的基本要求。一般来说，艺术性强的标志更能吸引和感染人，给人以强烈和深刻的印象。标志的高度艺术化是时代和文明进步的需要，是人们越来越高的文化素养的体现和审美心理的需要。

(4) 功用性
标志的本质在于它的功用性。经过艺术设计的标志虽然具有观赏价值，但标志主要不是为了供人观赏，而是为了实用。标志是人们进行生产活动、社会活动必不可少的直观工具。标志有为人类共用的，如公共场所标志、交通标志、安全标志、操作标志等；有为国家、地区、城市、民族、家族专用的旗徽等标志；有为社会团体、企业、社区、活动专用的，如会徽、会标、厂标、社标等；有为某种商品产品专用的商标；还有为集体或个人所属物品专用的，如图章、签名、花押、落款、烙印等，都各自具有不可替代的独特的使用功能。具有法律效力的标志尤其兼有维护权益的特殊使命。

(5) 系统性
标志一旦确定，随之就应展开标志的精致化作业，其中包括标志与其他基本设计要素的组合规定。目的是对未来标志的应用进行规划，达到系统化、规范化、标准化的科学管理，从而提高设计作业的效率，保持一定的设计水平。此外，当视觉结构走向多样化的时候，可以用强有力的标志来统一各关系企业，采用统一标志不同色彩、同一外形不同图案或同一标志

■ 全国高等院校设计专业精品教材

图案不同结构方式,来强化关系企业的系统化精神(图 4-4)。

(6) 延展性

标志是应用最为广泛,出现频率最高的视觉传达要素,必须在各种传播媒体上广泛应用。标志要针对印刷方式、制作工艺技术、材料质地和应用项目的不同,采用多种对应性和延展性的变体设计,以产生切合、适宜的效果与表现。

◘ **图 4-4 快乐潇湘 VI 设计** 值得一提的是快乐潇湘的标志延伸做得非常不错,各色的辅助图形都是由标志的元素衍生出来,使整个 VI 设计具有很好的统一性并且趣味横生。

Asia's world city 亞洲國際都會　HONG KONG 香港

▢ 图4-5 亚洲国际都会香港城市形象标志

(7) 时代性

现代企业面对发展迅速的社会、日新月异的生活和意识形态、不断的市场竞争形势，其标志形态必须具有鲜明的时代特征。特别是许多老企业，有必要对现有标志形象进行检讨和改进，在保留旧有形象的基础上，采取清新简洁、明晰易记的设计形式，这样能使企业的标志具有鲜明的时代特征。通常，标志形象的更新以十年为一期。它代表着企业求新求变、勇于创造、追求卓越的精神，避免企业的日益僵化，陈腐过时的形象（图4-5～图4-7）。

▢ 图4-6 亚洲国际都会香港城市形象标志旗帜应用

▢ 图4-7 亚洲国际都会香港城市形象标志的交通应用

2.1.2 标志设计原则

标志的本质是传播信息，是标志设计的核心。如何将所要传递的信息让大众准确、快速地接受，是每个设计师所要解决的首要问题。

一般来说，标志的设计应遵循下列几条原则：

(1) 功能第一

功能第一，是由标志的本质决定的。无论是公共场所还是应用于操作的标志，或者商标、机关团体的标志，都是为了传达其特定的信息，不是单纯为了美化环境而设计的装饰艺术品。只有强调标志的功能性，才能快速地传递给人们准确的信息，有效地防止误导（图 4-8 ～ 图 4-10）。

(2) 个性突出

标志应着重表现标志主体的文化理念和独特的个性特征。在创意与造型上，要大胆地表现其差异性，追求新颖独特的效果，让人看后耳目一新，毫无雷同。只有这样，才能使标志主体在浩瀚的标志海洋中凸显出来，在激烈的竞争中迸发夺目的光彩（图 4-11 ～ 图 4-13）。

(3) 简洁明了

标志的图形必须简洁明了，强调直观性、可视性、易识别。其原因是人们在单位时间内所接受的信息是有限的。人们在公共场所行走，或在商厦浏览货架上商品的时间不过区区几秒钟，要让标志在极短的时间里吸引人们的视线，唯有简洁、明了、概括的图形才能胜出。如果标志图形过于复杂、难懂，信息便无法有效地传递给受众（图 4-14、图 4-15）。

(4) 生动形象

如果标志设计生动、活泼并极具艺术性和时代感，那么这个标志就会让人怦然心动，回味无穷，甚至过目不忘。这就要求在

图 4-8 "好客山东 Friendly Shandong"

图 4-10 中国大学生龙舟锦标赛标志

图 4-9 大郑剪纸标志

图 4-11 索尼爱立信 logo

◘ 图 4-12 索尔福德大学标志

◘ 图 4-13 画谱标志设计

设计中，设计师通过巧妙的构思和独特的设计手法将标志的内涵与优美的形式有机地结合起来。显然，呆板的乏味的标志即使简洁明了，也是很难打动人心的（图 4-16～图 4-19）。

(5) 通用易懂

通用易懂主要体现的是无论什么标志都要符合人们认知心理和认知能力，更应注意到不同国家、不同民族、不同地区的禁忌，有歧义的内容禁止使用，同时让受众在尽可能短的时间里准确识别信息（图 4-20～图 4-23）。

另外，通用易懂还表现在标志图形在使用时的可大可小、可阴可阳等方面。这就要求标志的图形设计必须考虑到大而不疏、小而不密、正反相似或一致，使标志放大可用在建筑墙面、广告招牌上，缩小可用在名片、信封、徽章、证书和标签上。同时，为了便于印刷和其他形式上的处理而简化其表述，元素整合、统一而又服从于整体。

2.1.3 标志设计方法

成功的标志设计，应具备科学的设计方法和良好的创意。不仅要做好充分的调研分析，而且应特别注重设计主体外在形态和

◘ 图 4-14 三星标志

◘ 图 4-15 LG 标志

内在品质的表达，更重要的是理念的升华和文化的提炼等方面，最后就是要进行标志的整合。具体方法如下：

首先，调研分析及总结。
在设计展开之前，设计者应主动听取客户的主观要求和设计意向，并对企业文化、经营理念、经营范围、未来展望以及地域特色等相关信息有一个综合的调研分析。并对竞争对手进行分析，探索通用语言的特征，寻找个性语言的缝隙，总结出多条以文字性表述的设计方向，为创意表现提供依据和思路。

其次，创意定位及表现。
设计者不仅要了解客户的要求和意图，还应具备强烈的市场观念，要考虑到商业效果和艺术形式，善于把复杂的概念转化为可视的图形语言。同时，依据前期的分析结果，找出能够表达企业优势主题的几个独特的，或区别于同行业的造型元素和色彩取向。可以是企业、机构、品牌名称的全称或首字母为创意对象；或是以企业、机构、品牌名称的含义为创意原点；或是以企业、机构、品牌的文化、经营理念、未来展望、传统历史、地域特色等为创意基点；或是以企业、机构、品牌经营内容、产品造型为创意素材。

最后，标志深化及调整。
提案阶段确定的标志，还需要进行调整和完善，并进行标志精致化和规范化作业，使标志在不同的使用环境中保持高度的准确性和一致性。另外，还要根据人们视觉上的经验和习惯，有时需要对设计好的标志图形进行微调，使标志在使用过程中，不因为线条的放大与缩小或色彩的膨胀与收缩而影响视觉上的和谐（图4-24～图4-27）。

2.1.4 标志的表现形式
标志的表现形式是丰富、广泛、多样化的。大体可以分为图形表现形式的标志、文字表现形式的标志、图形和文字结合的表现形式的标志三大类。

(1) 图形表现形式
图形表现形式的标志，是指以自然界的具象形态或将具象形态进行图案化处理后用来作为标志的一种

图4-16 日本航空公司"红鹤"标志

图4-18 天津河西区第一幼儿园标志

图4-17 KB餐厅标志设计

图4-19 鬼面猴标志

图4-20 Android 3.0 Hoenycomb 标志

图4-21 悉尼联合大学标志

图4-22 天津妇女儿童发展基金会标志

VI 设计

图 4-25 FENY 标志的象征与含义

图 4-23 DOGGHYSHOW 标志

图 4-24 FENY 标志

图 4-26 FENY 标志释义图

图 4-27 FENY 标志的各项应用

标志形式。而且有利于克服语言障碍，易为不同国度、不同文化背景、不同阶层、不同年龄的人所共同接受。图形表现形式的标志可分为具象型和抽象型两类。

①具象表现形式
具象表现形式是客观地再现自然形象。针对标志的具象表现形式我们可以理解为高度提炼、概括客观事物，表达、传递企业形象、企业理念、产品特征等的设计表现形式（图4-28～图4-32）。

②抽象表现形式
抽象表现形式，是以抽象的图形符号来表达标志的含义，传递企业形象。抽象表现形式的企业标志借助于点、线、面、体来构成造型简洁、耐人寻味的造型（图4-33～图4-37）。

(2) 文字表现形式
文字具有说明和造型的双重特性，用经过艺术处理的文字特定的形态来传达企业或机构的理念精神，具有直接、准确的特点。

文字标志表现形式在中国可以分为三种：汉字表现的标志、拉丁字母表现的标志、数字表现的标志。拉丁字母表现的标志又分为单字字母型、缩写字母型、全称字母型（图4-38～图4-40）。

(3) 文字图形表现形式
文字图形表现形式的标志，是指用文字和图形相结合构成的标

图 4-28 植物造型的图形

图 4-29 动物造型的图形

图 4-30 自然造型的图形

图 4-31 器物造型的图形

图 4-32 人物造型的图形

◐ 图 4-33 三角形标志

◐ 图 4-34 四方形标志

◐ 图 4-35 多边形标志

◐ 图 4-36 圆形标志

◐ 图 4-37 线形标志

志。由于此类标志具有文字说明性和图形直观性的双重特性，更有利于表达一个完整的概念，而且寓意深刻、联想丰富，具有易识别、易记忆等特点，所以在标志设计中被设计师广泛应用（图 4-41～图 4-46）。

2.1.5 标志的设计说明

标志往往以简洁的图形包裹丰富的内涵，从图形表面常常看不到太多的意义。以文字的方式对标志进行诠释，让拥有者从内心产生共鸣，让其他相关者体会其意义，从而形成准确的理解，并以此帮助各方对标志形成记忆（图 4-47、图 4-48）。标志的设计说明可以分为以下几个部分：

(1) 构成要素

包括造型要素的来源说明、造型要素的特点等。例如，某标志是由代表某意义的英文单词的首写字母作为基础来造型，这样就说清楚了该标志造型要素的来源。

(2) 图形意义

标志虽然是经过提炼的简洁图形，但是从何而来、又如何提炼、表现了什么内容，应该特别加以说明，以表明这个造型的意义。

(3) 色彩意义

色彩是表现图形个性的另一个要素。同样的标志，不同的色彩搭配，就会显现不同的气质。而为某个标志专门搭配的色彩，是

图4-38 汉字表现形式的标志

图4-39 拉丁字母表现的标志

图4-40 拉丁字母表现的标志

图4-41 书法字体表现形式的标志

图4-42 书法表现形式的标志

图4-43 文字表现形式的标志

图4-44 篆字字体表现形式的标志

图4-45 书法表现形式的标志

图4-46 印章字体表现形式的标志

特别的用于传达某种特殊意义，所以也要进行文字阐述，使人们得以理解设计师的初衷。

2.1.6 标志设计的规范制作

标志设计稿完成后，视觉调整和规范制作显得尤为重要，一定要引起高度的重视。为了使标志在不同的使用环境中保持高度的准确性和一致性，必须对标志进行非常规范的制作。

图 4-47 南方航空公司航徽标志

南方航空公司航徽标志是由一朵抽象的大红色木棉花衬托在宝石蓝色的飞机垂直尾翼图案上组成，航徽色彩鲜艳，丰满大方。

木棉花是中国南方特有花卉。木棉花树干挺拔高大，每年开春，木棉花先于树叶开放，花朵硕大，红艳艳布满枝头，远望近观，皆富情趣。在中国南方人心目中，木棉花象征高尚的人格，人们赞美她，热爱她，广州市民还把她推举为自己的市花，视为图腾。

南方航空公司选择木棉花作为航徽的主要内容，一方面是因为公司创立时总部设在中国南方名城广州，木棉花航徽既可显示公司的地域特征，也可顺应南方人民对木棉花的喜爱和赞美。另一方面是因为木棉花所象征的坦诚、热情的风格，塑造公司的企业形象，表现自己将始终以坦诚，热情的态度为广大旅客、货主提供尽善尽美的航空运输服务。

图 4-48 北京 2008 年奥运会会徽

北京 2008 年奥运会会徽"中国印·舞动的北京"具有如下特点：

1. 会徽设计将中国特色、北京特点和奥林匹克运动元素巧妙结合

"中国印·舞动的北京"以印章作为主体表现形式，将中国传统的印章和书法等艺术形式与运动特征结合起来，经过艺术手法夸张变形，巧妙地幻化成一个向前奔跑、舞动着迎接胜利的运动人形。人的造型同时形似现代"京"字的神韵，蕴含浓厚的中国韵味。该作品传达和代表了四层信息和涵义：

(1) **中国文化** 以中国传统文化符号——印章（肖形印）作为标志主体图案的表现形式，印章早在四五千年前就已在中国出现，是渊源深远的中国传统文化艺术形式，并且至今仍是一种广泛使用的社会诚信表现形式，寓意北京将实现"举办历史上最出色的一届奥运会"的庄严承诺。

(2) **红色** 选用中国传统喜庆颜色——红色作为主体图案基准颜色。红色历来被认为是中国的代表性颜色，还是我国国旗的颜色，代表着伟大的中华人民共和国，因此，标志的主体颜色为红色，具有代表国家、代表喜庆、代表传统文化的特点。

(3) **中国北京，欢迎世界各地的朋友** 作品代表着北京正以改革开放的姿态欢迎世界各地运动员和人民欢聚北京，生动地表达出北京欢迎八方宾客的热情与真诚，传递出奥林匹克的理念和精神。作品内涵丰富，表明中国北京张开双臂欢迎世界各地人民的姿态。

(4) **冲刺极限，创造辉煌，弘扬"更快、更高、更强"的奥林匹克精神** 现代奥林匹克运动一直强调以运动员为核心，会徽"中国印·舞动的北京"正体现了这一原则。印章中的运动人形刚柔并济，形象友善，在蕴含中国文化的同时，充满了动感。

2. 会徽的字体设计采用了中国毛笔字汉简的风格，设计独特

会徽作品"中国印·舞动的北京"的字体采用了汉简（汉代竹简文字）的风格，将汉简中的笔画和韵味有机地融入到"BEIJING 2008"字体之中，自然、简洁、流畅，与会徽图形和奥运五环浑然一体，字体不仅符合市场开发目的，同时与标志主体图案风格相协调，避免了未来在整体标志注册与标准字体注册中因使用现成字体而可能出现的仿冒侵权法律纠纷。

3. 会徽总体结构与独立结构比例协调

经过专家反复推敲、修改，"中国印·舞动的北京"中作为主体的中国印、"汉简体"、"Beijing 2008"和奥运五环三部分之间在布局以及比例关系方面特别是中国印部分，已近完美。与此同时，每一部分独立使用时依然比例合理，不失协调。

4. 利于今后的形象景观应用和市场开发

从"中国印·舞动的北京"的延展设计中可以看出，它在城市景观布置、场馆环境布置等方面蕴含着良好的、巨大的潜力。中国印——这是 2008 年

在北京举办的第29届奥林匹克运动会会徽。她似印非印，似"京"非"京"，潇洒飘逸，充满张力，寓意是舞动的北京；她是有中国精神、中国气派、中国神韵的中国汉文化的符号，象征着开放的、充满活力的、具有美好前景的中国形象；她体现了新北京、新奥运的理念和绿色奥运、科技奥运、人文奥运的内涵，再现了奥林匹克友谊和平进步、更快更高更强的精神。

(1) 视觉调整

根据人们视觉上的经验和习惯，有时需要对设计好的标志图形进行微调，使标志在使用过程中，不因为线条的放大与缩小，或色彩的膨胀与收缩而影响视觉上的和谐。

奥林匹克运动会的五色环标志，因标志色彩在视觉上造成不同程度的收缩变化，所以制图时要对各色环的宽度进行调整，以达到视觉上等同的效果（图4-49）。

又如图4-50，日本美能达相机的标志，在规范制图时根据使用时具体的需要，对线条的粗细均作了微调规定，以便在不同的使用环境中保持视觉上的一致感和统一感。

(2) 规范制图

标志的使用规范非常广泛，大到巨幅的户外广告，小到徽章、名片、信封。因此，必须考虑到标志使用时的规范性和适应性。制作标准图中，要有正确的详细尺寸，图形各部分的比例关系，圆心、半径、弧线的起点、连接和弧度，以及图形中其他细节问题，都必须一一注明。

标志的制作一般采用以下三种作图法：

方格标示法　在正方格子线上配置标志，以说明线条宽度，空间位置等关系（图4-51）；

比例标示法　以图案造型整体尺寸，作为标示各部分比例关系的基础（图4-52）；

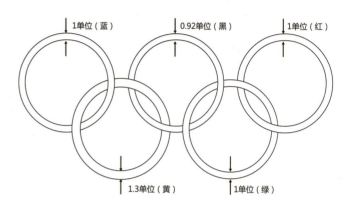

图4-49 奥林匹克运动会的五色环标志使用规范

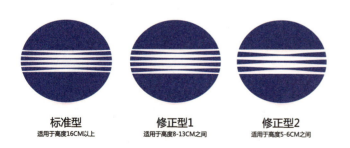

图4-50 日本美能达相机标志的使用规范

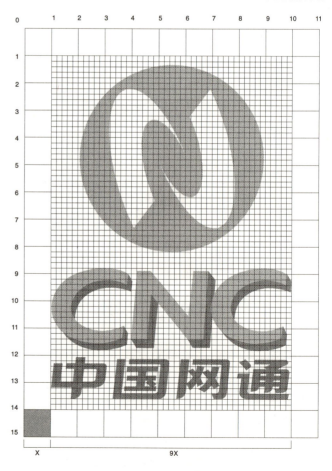

图4-51 中国网通标志使用规范

VI 设计

标识基本形

基本元素/标识结构规范
标识方格坐标制图

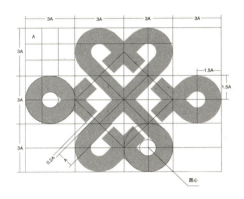

标识是企业精神的象征，是企业特点的集中体现，又是标识识别系统的核心。不正确地使用标识将会使公众对企业的标识产生混乱，从而削减或损害企业形象，因此标识制作规范极为重要。

此制图规范规定了公司标识的整体造型比例、笔画粗细、结构空间等相互关系。据此可准确绘制出公司标识。

注：A为一个基本计量单位。

标识标准组合比例图

图 4-52 中国联通标志使用规范

VI 的设计
VI design

圆弧、角度标示法 为了说明图案造型与线条的弧度与角度，以圆规、量角器标示各种正确的位置，是辅助说明的有效方法。目前这种标示方法主要用于验证造型的严谨与合理性（图4-53、图4-54）。

2.2 标准字

标准字体，是企业形象识别系统中基本要素之一，常与标志联系在一起，具有明确的说明性，可直接将企业或品牌传达给观众，与视觉、听觉同步传递信息，强化企业形象与品牌的诉求力，其设计的重要性与标志具有同等重要性。另外，标准字是经过设计的，专用以表现企业名称或品牌的字体，通过创意设计，形成风格独特、个性突出的组合整体，故标准字体设计，包括企业名称标准字和品牌标准字的设计（图4-55、图4-56）。

经过精心设计的标准字体与普通印刷字体的差异性在于，除了外观造型不同外，更重要的是它是根据企业或品牌的个性而设计的，对策划的形态、粗细、字间的连接与配置，统一的造型等，都作了细致严谨的规划，与普通字体相比更美观，更具特色。

在实施企业形象战略中，许多企业和品牌名称趋于同一性。另外，企业名称和标志统一的字体标志设计，已形成新的趋势。企业名称和标志统一，虽然只有一个设计要素，却具备了两种功能，达到视觉和听觉同步传达信息的效果。

2.2.1 标准字的特征

(1) 识别性

企业标准字有较强的识别性，能准确地表达企业的性质和商品的特性，达

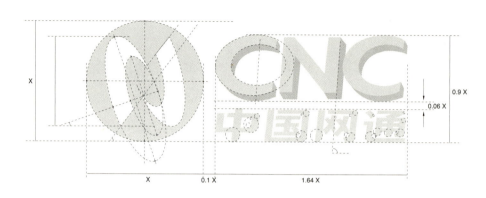

图4-53 CNC中国网通标志辅助说明图

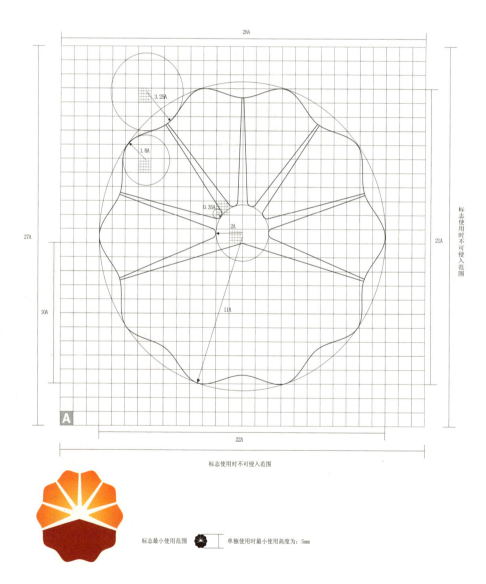

图4-54 壳牌标志辅助说明图

图 4-55 现代公司标准字体

图 4-56 BP 润滑油标准字体

到企业识别的目的和审美需求；是依据企业的经营理念、文化背景和行业特性等因素的差异进行设计表现。

(2) 易读性

企业标准字能准确传达信息，说明内容，来告知消费群体企业名称、经营内容、座右铭等，以满足企业高效、快捷传递信息的要求。

(3) 造型性

企业标准字除了识别性、易读性，造型性也同等重要，有无创新感？有无亲和力？有无美感？都是标准字能否吸引消费群体的目光所在，富有新鲜感、美感、亲切感等，都是标准字体造型设计要素所在，从而增强企业的形象力和认同感。

(4) 延展性

企业标准字运用在各种资讯媒体的频率很高，面对不同材质、不同技术、不同范畴，其标准字体都能兼容、包容，这正是其延展性好的表现。

2.2.2 企业标准字体的种类

企业标准字体因机能不同，而有不同的种类，如下：

(1) 企业标准字

企业标准字是经过特别设计的企业名称，以表现企业理念，传达企业精神，建立企业的品质、形象、信誉为目的（图 4-57）。

(2) 字体标志

字体标志在标志中比较常见，将企业名称或简称设计成完整意义、个性鲜明的企业标志是屡见不鲜的，以达到易读、易认、易记便于传播的目的（图 4-58）。

(3) 品牌标准字

面对市场变化、消费群体的挑战，以及迈向国际化、多元化等诸多的挑战，企业为了赢得市场，占有消费群体的比例会推出不同的品牌，每个品牌都有自己独一无二的品牌标准字（图 4-59、图 4-60）。

(4) 活动标准字

企业为了新品的推出，纪念会、年度庆典等诸多活动，所设计出的活动标准字（图 4-61～图 4-65）。

(5) 印刷字体

也即企业专用字体，是标准字体的一个重要组成部分，包括中

■ 品牌标准标志

■ 品牌标准中文字

■ 品牌标准英文字

■ 品牌标准中文字反白

■ 品牌标准英文字反白

图 4-57 七匹狼标准字体设计

图 4-58 可口可乐经典的字体标志的应用

图 4-61 全球通我能活动标志

图 4-59 索尼笔记本标准字体设计

图 4-60 索尼 PSP 游戏平台标准字体设计 Olescidi

图 4-62 天津工业大学五十周年华诞标志

文字体和英文字体，主要在广告文案、产品广告、海报和企业的行文中使用。这类字体一般不用专门设计，只需在现存的电脑字库中选择与设计主体的形象、风格相协调的字体即可（图 4-66）。

2.2.3 标准字体的表现形式

标准字体的表现形式有书法标准字体、装饰标准字体和英文标准字体。

(1) 书法标准字体

书法是我国具有三千多年历史的汉字表现艺术的主要形式，是集艺术性与实用性于一体。目前有两种形式：一种是使用名人题字，另一种是设计书法体或者装饰性的书法体，是为了突出视觉个性，特意设计的，介于书法和描绘之间。在我国一些企业主要使用政坛要人、社会名流及书法家的题字作企业名称或品牌标准字体，比如：中国银行、健力宝、康师傅等（图 4-67～图 4-70）。书法标准字体虽然视觉效果好，例如活泼、独特、新颖、富有变化，但是也会给视觉系统设计带来一定困难。首先是与商标图案相配的协调性问题，其次是是否便于迅速识别。

(2) 装饰标准字体

装饰字体的表现形式在现代企业名称或品牌标准字体的设计中是常用的一种设计表现形式，具有美观大方、便于阅读和识别、应用范围广等优点。像海信、海尔、科龙的中文标准字体即属于这类装饰字体设计（图 4-71～图 4-77）。

装饰字体是根据品牌或企业经营性质的需要在基本字形的基础上进行夸张、解构重组、添加缩减、图形化等方法变化加工而成

图 4-63 韩国锦湖集团 50 年庆标志

图 4-64 天津妇女第十二次代表大会标志

图 4-65 河北大学建校九十周年标志

VI 设计

PART A\5\01 中文专用印刷字体规范

为使视觉形象更加统一，所有传媒所用文字，均应选用以下规定字体，允许向右倾斜20度，允许长体80%-90%，允许扁体120%-130%，禁止使用其它字体，特殊表现（如节日、庆典设计）例外。同时，为求得运用方便，在刊物、媒体等内文及封面的排版上，除特殊要求外，使用的中文字体必须为本手册所规定的汉仪字体。本手册字体为苹果电脑系统之字款，如非使用苹果电脑，可选择不同种类的相同字体替代使用。

A
Visual Identification System
视觉基本要素系统

PART A\5\02 英文专用印刷字体规范

为使视觉形象更加统一，所有传媒所用文字，均应选用以下规定字体，允许向右倾斜20度，允许长体80%-90%，允许扁体120%-130%，禁止使用其它字体，特殊表现（如节日、庆典设计）例外。同时，为求得运用方便，在刊物、媒体等内文及封面的排版上，除特殊要求外，使用的英文字体必须为本手册所规定的字体。本手册字体为苹果电脑系统之字款，如非使用苹果电脑，可选择不同种类的相同字体替代使用。

汉仪仿宋简体	适用于文章、内文范畴	专用中文印刷字体
汉仪书宋一简（宋体）	适用于文章、内文范畴	专用中文印刷字体
汉仪中宋简体（小标宋）	适用于小标题、中标题范畴	专用中文印刷字体
汉仪大宋简体	适用于题目、大标题范畴	**专用中文印刷字体**
汉仪中等线简体	适用于文章、内文范畴	专用中文印刷字体
汉仪中黑简体（黑体）	适用于小标题、中标题范畴	**专用中文印刷字体**
汉仪大黑简体	适用于题目、大标题范畴	**专用中文印刷字体**
汉仪魏碑简	适用于文章、内文范畴	专用中文印刷字体

ABCDEFGHIJKLMNOPQRSTUVWXYZ
abcdefghijklmnopqrstuvwxyz
1234567890

ABCDEFGHIJKLMNOPQRSTUVWXYZ
abcdefghijklmnopqrstuvwxyz
1234567890

ABCDEFGHIJKLMNOPQRSTUVWXYZ
abcdefghijklmnopqrstuvwxyz
1234567890

ABCDEFGHIJKLMNOPQRSTUVWXYZ
abcdefghijklmnopqrstuvwxyz
1234567890

ABCDEFGHIJKLMNOPQRSTUVWXYZ
abcdefghijklmnopqrstuvwxyz
1234567890

图 4-66 CNC 中国网通中英文印刷字体规范

图 4-67 书法标准字体的运用：中国银行标志

图 4-68 书法标准字体的运用：康师傅标志

图 4-69 书法标准字体的运用：北京残奥会标志

图 4-70 书法标准字体的运用：健力宝标志

图 4-71 装饰标准字体的运用：张江高科技园区标志

图 4-72 装饰标准字体的运用：大郑剪纸标志

图 4-73 装饰标准字体的运用：海尔集团标志

图 4-74 装饰标准字体的运用：WAHAHA（娃哈哈）激活 运动饮料 标志

图 4-75 装饰标准字体的运用：海信集团标志

图 4-78 英文标准字体的运用：英特尔公司标志

图 4-76 装饰标准字体的运用：潘婷标志

图 4-79 英文标准字体的运用：AMD 超威半导体公司标志

图 4-77 装饰标准字体的运用：方太厨具标志

图 4-80 英文标准字体的运用：联想公司标志

的，达到加强文字的精神含义和富于感染力的目的。这种表现形式传递出的含意极其丰富，如：细线构成的字体，容易使人联想到香水、化妆品之类的产品；圆厚柔滑的字体，常用于表现食品、饮料、洗涤用品等；而浑厚粗实的字体则常用于表现企业的实力强劲；有棱角的字体，易展示企业个性等。

(3) 英文标准字体

企业名称和品牌标准字体的设计，一般均采用中英两种文字，以便于同国际接轨，参与国际市场竞争。英文字体（包括汉语拼音）的设计，与中文汉字设计一样，也可分为两种基本字体，即书法体和装饰体。书法体的设计虽然很有个性、变化丰富，但识别性差，用于标准字体的不常见，常见的情况是用于人名，或非常简短的商品名称（图 4-78～图 4-82）。

装饰字体的设计，应用范围非常广泛。从设计的角度看，英文字体根据其形态特征和设计表现手法，大致可以分为四类：一

图 4-81 英文标准字体的运用：戴尔公司标志

图 4-82 英文标准字体的运用：华硕公司标志

是等线体，字形几乎都是由相等的线条构成；二是书法体，字形自由活泼、个性突出；三是装饰体，对各种字体进行装饰设计，达到愉悦受众并引人注目，富于感染力的艺术效果；四是光学体，是摄影特技和印刷用网纹技术原理构成。

2.2.4 标准字体的规范制作

标准字体制图的规范性及具体要求与标志的规范制图相同，具体的制作与标志的三种制作方法一样，也分为方格标示法、比例标示法、圆弧、角度标示法。可手工绘制，也可运用绘图软件来完成。

2.3 标准色

标准色是用来象征企业或产品特性的指定颜色，是标志、标准字体及宣传媒体专用的色彩，是企业形象设计的重要组成部分。在企业信息传递的整体色彩计划中，具有明确的视觉识别效应，因而具有在市场竞争中制胜的感情魅力（图4-83～图4-85）。

企业标准色是企业经过特别设计选定的代表企业形象的特殊颜色，具有科学化、差别化、系统化的特点。因此，进行任何设计活动和开发作业，必须根据各种特征，发挥色彩的传达功能。通常，企业标准色一般为1～2种，不超过3种为宜，广泛地应用于标志、广告、包装、制服、建筑装饰、展品陈列、旗帜、事务用品等等应用设计项目上，是企业视觉识别重要的基本设计要素。

图4-83 中国平安企业标准色

2.3.1 标准色的设计定位

标准色的确定是建立在企业经营理念、组织结构、经营策略、产

图4-84 国家电网公司标准色　　图4-85 中国联通企业标准色

品特性、行业性质等总体因素的基础上的。其设计定位应具体表现在以下几个方面：

(1) 体现经营理念和产品特性

标准色设计必须考虑企业的经营理念和产品的特性，如何选择合适于企业形象的色彩，对企业的生产技术和产品的内容实质显得尤为重要。

我们都知道，色彩是视觉传达识别中最重要的要素，有关色彩的知识在这里不再加以赘述。一般说来，这与色彩本身所具有的特性，所引发的心理联想（包括具象联想和抽象联想）和感觉（包括色听、心像、味觉、嗅觉、触觉等）被赋予的社会意义以及在不同地区人们的好恶等有密切关系。

(2) 突出差异性

差异性表现在几个方面：一是不同行业的差异；二是同行业的差异；三是同企业不同生产部门的差异。如建筑机械与纺织服装、交通旅游与食品酒水等行业间，由于行业的不同，在色彩的使用上存在着很大的差异性。而在同行业中，企业间的竞争更需突出不同企业的个性特点，更应根据企业的经营理念、文化特征、产品特点等作恰当的设定色彩的定位。同企业的色彩差异主要是针对不同的生产部门或生产品种而采用的既有联系又有区别的系列色彩。

(3) 符合消费者心理

心理学家经调查研究发现，各种颜色对人的感觉、注意力、思维的个性都会产生不同的影响（图4-86～图4-88）。五彩缤纷的色彩，也就为组织视觉形象的识别提供了基础，成为组织

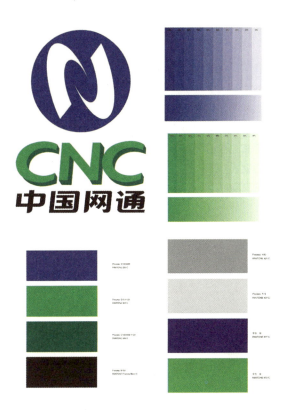

图4-87 中国网通企业标准色与辅助色

图4-86 中国网通企业标准色与辅助色

图4-88 棉质生活企业标准色与辅助色　颜色搭配温暖惬意，让人感觉舒服就如同被纯棉包围一般，找准了目标消费者的心理。

塑造个性形象的有效手段之一。成功的选择色彩，也便成为企业形象竞争的重要武器。

色彩除了自身具有视知觉刺激引发人的生理反应外，更由于人类的生活习惯、宗教信仰、本土文化等诸多因素的影响，对不同的色彩会产生不同的联想。如在中国传统观念中，黄色是伟大、权威、富贵的象征，在封建社会黄色是皇宫专用的。但在信奉基督教的国家里，由于黄色是叛徒犹太穿的服色，所以被视为最下等的色彩。由此可见，标准色设计应根据产品销售市场的不同而充分考虑到消费者的心理，特别应避免使用禁忌色彩。

(4) 迎合国际化的潮流
现在世界上企业的色彩正在由红色系渐渐转向蓝色系，追求着一种体现理智和高技术精密度的色彩象征。日本设计界认为："日本企业正一步步向国际化前进着，不仅以红色的热情，而且以蓝色的理智作为目标的现象正明显地出现"（图 4-89）。

2.3.2 标准色的设定类型
标准色的设定，应与标志、标准字的设计密切相关，我们应将设计工作建立在企业经营理念、组织结构、营销策略和形象战略等基础上。设定标准色时，应尽可能的追求单纯、明快，以最少的色彩表现最多的意义，达到准确、快速的传达企业信息的目的。标注色的设定有以下几种形式：

(1) 单色标准色
单色标准色是指一种固定的色彩作为企业的标准色。单色标准色具有简明、强烈的视觉效果，便于印刷、制作，方便传播，容易记忆，是最常见的企业标准色形式。

(2) 复色标准色
复色标准色是指用两种或几种固定色彩作为企业的标准色。复色标准色追求色彩的组合效果，能增强色彩的表现力。由于色彩的组合变化多样，有利于不同的企业形成自己独特的个性。所以复色标准色能为经济实力较为雄厚的企业所接受，如通讯、旅游、商厦、房地产、休闲等行业多采用这种形式。

(3) 标准色加辅助色
标准色加辅助色是指采用多种固定色彩作为企业的标准色。此种形式的标准色，一般为大型企业集团公司所运用。一般母公司为主色，子公司为辅助色（图 4-90、图 4-91）。其目的是建立企业集团的一整套色彩识别系统，将企业集团的母公司与子公司、企业与下属部门或品牌区别开来，通过色彩系统化条件

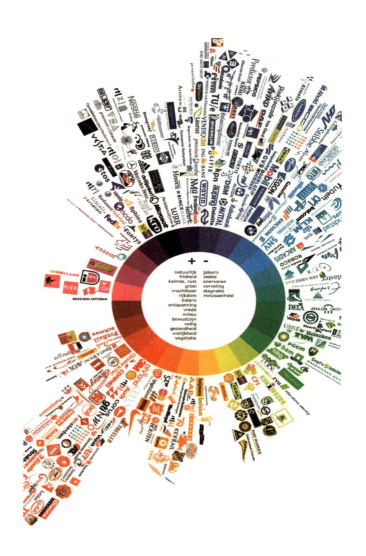

图 4-89 国际企业色的潮流逐渐从红色渐渐转向蓝色

图 4-90 F6H 企业色案例

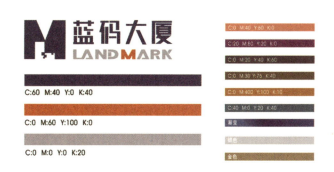

图 4-91 蓝码企业色案例

图 4-92 希捷公司企业标准色

下的差别性，形成既有联系又有区别的独特的视觉识别系统。

辅助色的设计，要注意与标准色之间的关系。既要突出子公司、部门或产品的个性特征，同时要考虑与母公司的关联，以便在对内、对外宣传中形成一股合力，共同树立良好的企业形象。

企业选择那种标准色形式，应根据企业的文化传统、经营理念、战略定位等因素来决定。其基本原则是：突出企业的风格，体现企业的特性、宗旨和经营方针；通过制造差别，展现企业的独特个性；与消费者心理相吻合，迎合国际化的潮流。

2.3.3 标准色的标注方法

标准色在企业形象传播的过程中，应保持高度的一致性。因此，必须进行科学化、规范化的管理。选定的标准色要标明准确的色值，以保证传递、印刷、制作时的准确度。从而促进人们对企业的认知与记忆，产生固定的印象。一般来说，标准色与辅助色各自的色值，可采用两种方式来标注（图 4-92 ～ 图 4-94）：

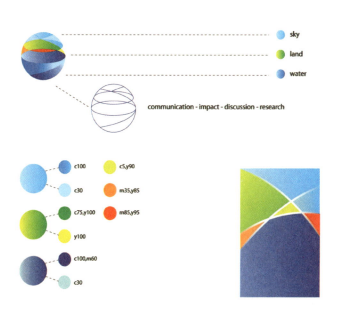

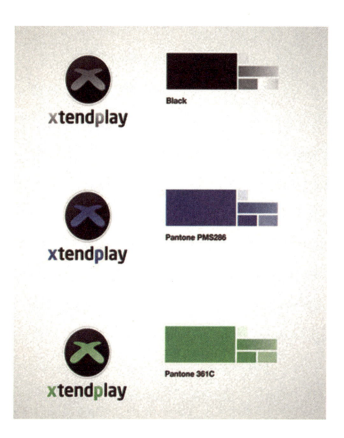

图 4-93 国际环境科学研讨会企业标准色与辅助色

图 4-94 xtendplay 企业标准色与辅助色

(1) CMYK 印刷色彩标注

CMYK 印刷色彩标注，将各色分为 0～100 个色阶，C(Cyan)代表青色，M(Magenta)代表品红/洋红色，Y(Yellow)代表黄色，K(Black)代表黑色(之所以不取首字母，是为了避免与蓝色(Blue)混淆)。这种色彩标注方式最为常见，为印刷界和设计界所广泛采用。

(2) RGB 色值标注

在 RGB 模式下，每个通道可使用从 0(黑色)到 255(白色)的值。目前的显示与投影设备都采用 RGB 颜色标准，通过电子枪打在屏幕的红、绿、蓝三色发光极上来产生色彩。这种标注方式主要用于影视与多媒体显示。

(3) 专色标注

Pantone(彩通)的色票，也是常见的色彩编号方式，主要针对以专色印刷方式来保证色彩在不同地域、温湿度、介质下的一致统一。

2.4 基本要素的组合

根据具体媒体的规格与排列方向，而设计的横排、竖排、大小、方向等不同形式的组合方式（图 4-95～图 4-97）。

◐ 图 4-96 希捷公司基本要素组合案例

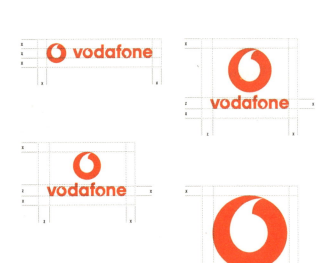

◐ 图 4-95 沃达丰公司基本要素组合案例

◐ 图 4-97 国家电网公司基本要素组合案例

2.4.1 基本要素组合的内容

（1）使目标从其背景或周围要素中脱离出来，而设定的空间最小规定值。

（2）企业标志同其他要素之间的比例尺寸、间距方向、位置关系等（图4-98、图4-99）。

2.4.2 标志同其他要素的组合方式

（1）标志同企业中文名称或略称的组合；

（2）标志同品牌名称的组合；

（3）标志同企业英文名称全称或略称的组合；

■ 标志水平放置的正确使用规范

■ 标志正稿

■ 标志负稿

■ 标志图标

■ 标志垂直放置的正确使用规范

■ 标志正稿　　■ 标志负稿　　■ 标志图标

◨ 图4-98 方太标志垂直与水平放置的正确使用规范案例　　◨ 图4-99 中国网通标志垂直与水平放置的正确使用规范案例

标志与公司名称组合

添加任意背景（例如银色或银白色背景）

弱反差

（4）标志同企业名称或品牌名称及吉祥物的组合；
（5）标志同企业名称或品牌名称及企业宣传口号、广告语等的组合；
（6）标志同企业名称及地址、电话号码等资讯的组合。

修改标准字体

使用非标准色

标志与标准字等长

2.4.3 禁止组合规范

（1）在规范的组合上增加或减少其他造型符号。

添加任意外框

标准组合中添加线条

使用外框标准组合

（2）规范组合中基本要素的大小、广告、色彩、位置等发生变换（图4-100～图4-102）。
（3）基本要素被进行规范以外的处理，如标志加框、立体化、网线化等。
（4）规范组合被进行字距、字体变形、压扁、斜向等改变。

图 4-100 东风悦达起亚公司禁止组合

2.5 吉祥物

吉祥物，即企业造型。是为了强

图 4-101 莱达制药标志反白禁用规范

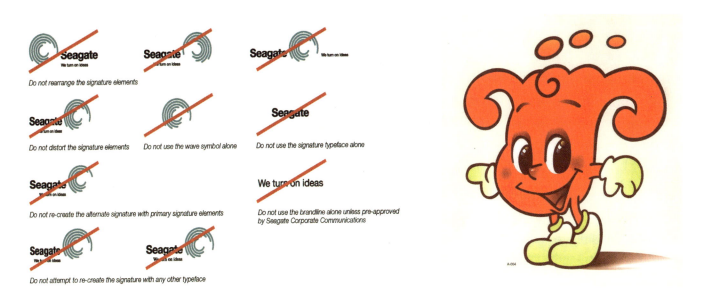

▲ 图4-102 希捷公司禁止组合

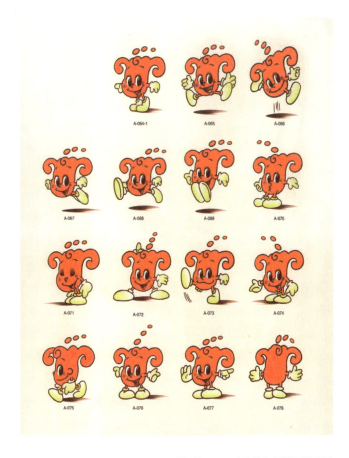

▲ 图4-103 南方航空吉祥物

化企业性格，诉求产品特质而选择适宜的人物、动物、植物，并设计成具有人性化、夸张化、风趣幽默的拟人化形象，以引起人们注意，产生强烈印象（图4-103、图4-104）。

吉祥物作为VI设计的一个重要组成部分，与标志共同承担起展示企业形象，将企业及产品和服务不断推向市场的重任。同时，它以其幽默、夸张、拟人化的手法，使企业的形象更具亲和力，从而缩短了企业与消费者的距离。

2.5.1 吉祥物的功能与作用

吉祥物目的在于运用形象化的图形，强化企业形象，表达产品或服务的特质，以达成消费者识别认知，能很好地帮助企业或品牌在消费者心目中建立亲切感，拉近企业或品牌与消费者之间的距离，促进消费者对企业或品牌的了解与认同。如在体育比赛、庆典、企业对外宣传等大型活动中，由于有了吉祥物的存在，给整个活动添加了无穷的欢乐与活力，从而使活动更加有效地进行，并帮助达到预期的效果。

换句话说，吉祥物是传播企业文化、展示企业个性、增加企业凝聚力的最理性的载体，可称其为企业、活动的亲善大使。在VIS应用推广中，吉祥物对大众的影响有时甚至超过了标志、标准字等其他要素。如2010年上海世博会吉祥物、LOOKSEE印象吉祥物等，其影响广泛而深远。

▲ 图4-104 南方航空吉祥物动作展示

2.5.2 吉祥物的设计定位

吉祥物，顾名思义是吉利祥和的物象，是真、善、美的化身。设计吉祥物时，在"行正"的基础上，才能做到"传神"。因此，吉祥物设计的角色定位必须鲜明、独特，应有助于揭示活动内涵、反映企业品质或产品特性，加深品牌印象。

如选择中华白海豚为迎回归吉祥物，也是因为它具有特殊的象征意义。首先是由于中华白海豚与香港的渊源极深，在香港西面水域，尤其是龙鼓洲及沙洲一带，经常可见到三五成群的中华白海豚出没。中华白海豚是海洋里的珍贵动物，而香港正是离不开海洋的重要海港城市。其次，中华白海豚的名字中有"中华"二字，中华白海豚每年都会游回珠江三角洲等地繁殖后代，具有不忘故土、热爱家园的品质。而香港是中国不可分割的一部分，理应回归祖国。第三，是中华白海豚喜欢群居，具有强烈的家族依恋性。尤其是雌兽对幼仔的爱护非常周到，当幼仔在渔网附近，因贪食已上网的小鱼而被缠住时，雌兽会在网边焦急地徘徊，寻求营救幼仔的方法，甚至不惜冒着生命危险去冲击渔网来拯救幼仔，其亲情令人感动。正是这些特性，表达了香港人民热切期待回归祖国怀抱的迫切心情。可以说，只有找到吉祥物最佳创意定位的切入点，并选择到最合适的载体，才能使角色一出场便吸引住众人的眼球，才能让定格的角色传达出应传达的身份特征，才能让活动、企业或产品的个性形象深入人心（图4-105）。

吉祥物的设计定位，除了要求个性鲜明、能恰到好处的体现活动、企业或产品的特征外，所选的形象还应活泼、可爱、可亲，还要富有地方特色或具有纪念意义，与企业精神有内在联系（图4-106、图4-107）。

如美国肯德基快餐店选择的吉祥物为该公司的创始人山德斯上校和蔼可亲的肖像，企业以此彰显祖传秘方的迷人风味（图4-108）。而青岛海尔集团的两个中法儿童的吉祥物，象征着

▢ 图4-106 第三十届伦敦奥运会吉祥物

▢ 图4-105 1997 香港回归吉祥物

▢ 图4-107 迅雷标志吉祥物　作为下载工具，下载速度就是核心竞争力，蜂鸟这一形象很好地展现了企业的特点。

中法合作,共创美好的未来。这些吉祥物对企业,产品形象的推广,起到了极大的促进作用(图4-109)。

2.5.3 吉祥物的表现题材

吉祥物设计,一般选用幽默滑稽、活泼可爱的卡通形象,女性用品应表现温和高雅的阴柔之美,宜选用艳丽纤细的植物或体态轻盈乖巧的小动物;男性用品应表现坚毅粗犷的阳刚之气,已选择充满力量、勇猛迅捷的动物的等。无论是人物、动物或植物,均可根据设计需要进行人性化的艺术加工处理。吉祥物的表现题材可分为具象和半具象两大类。

(1) 具象类
具象类,即以物象的自然形态作客观具体的表现。由于此类吉祥物反映真实的生活,因此给人感觉亲切,通俗易懂,是人们乐于接受的一种形式。

根据吉祥物的题材来划分,具象类又可分为人物、动物、植物、自然现象、象征性等类型。这些类型各有各的优势和特点,可根据设计的具体情况选择不同的载体。

(2) 半具象类
半具象类,即将具象形象作高度概括处理,把能反映对象本质的特征抽取出来,进而作意向的表现。由于此类吉祥物能深刻的反映主体的个性特征,更能自由的表达意念,让人看后妙趣横生,玩味无穷,因此更有利于记忆。

2.5.4 吉祥物的表现方法

(1) 勾线平涂法
大多数的吉祥物都是采用此方法,用线勾画轮廓,然后内部均匀填色。

(2) 勾线平涂双色法
是在勾线平涂的基础上局部边缘添加一种深颜色,比勾线平涂富有立体感。

(3) 平涂法
此方法是不需要对吉祥物的边沿勾线,直接平涂需要的颜色,通过色彩区分吉祥物的结构轮廓。

(4) 立体造型法
这种方法就是采用三维造型的表现手法,有亮面、暗面、过渡

图4-108 肯德基吉祥物

图4-109 海尔公司吉祥物海尔兄弟 其制作的海尔兄弟动画片影响了一代又一代青少年,个人认为这是最成功的植入广告之一。

面，有时还有高光点。目的是增强吉祥物的立体感和真实感。

当今时代，人们的审美观念日新月异，求新、求异已成为现代人的共同追求。所以吉祥物创作表现手段将会更加丰富多彩。优秀的吉祥物不应局限于媒体介质。"黏土造型"拓展了吉祥物设计的表现语言，更直观、更便捷，CG技术的透明化，让吉祥物的建模、渲染不再高深莫测。除此外，还有纸艺、陶艺。Flash、充气模型、长毛绒玩具等，均在丰富着吉祥物的表现形式（图 4-110～图 4-114）。

2.6 象征图形

象征图形是企业的专有图案。通过变化多样的装饰图案，补充企业标志等造型要素所缺乏的丰富和灵活。另外，象征图形又称象征纹样。是视觉识别设计要素的延伸和发展，与标志、标准字体、标准色保持宾主、互补、衬托的关系，是设计要素中的辅助符号。

象征图形和其他基础要素一样，也具有自身的特性：能烘托形象的诉求力，使标志、标准字体的意义更具完整性，易于识别；能增加设计要素的适应性，使所有的设计要素更加具有设计表现力；能强化视觉冲击力，使画面效果富于感染力，最大限度地创造视觉诱导效果。

象征图形的设计可根据企业标志直接进行排列组合，也可根据标志的特点进行适当变形后再组合，或将企业标志和标准字体的组合作为一个单元进行排列。然而，不是所有的企业形象识

图 4-110 火箭熊吉祥物　1995 年，火箭老板亚历山大想起用一个新吉祥物，希望这个吉祥物是个大块头有个性的家伙。于是，每次光临丰田中心的时候，大家便看到了善于搞笑的火箭熊。火箭熊有一流的表演天分，是活跃赛场气氛的调味剂。在 2005 年二月，火箭熊被命名为 NBA 第五最公认的吉祥物，他充满想象力的幽默和恶作剧般的搞怪，赋予 NBA 娱乐价值的最大化。

图 4-111 2010 南非世界杯吉祥物　一只长着一头绿色非洲卷发的可爱豹子"扎库米"（Zakumi）组委会不但为这个小豹子取名，还为它打造了一份履历。根据"扎库米"的履历，它出生于 1994 年 6 月 16 日。这是南非种族隔离政策宣告结束的日子。这一天同时也是南非的"青年节"，以纪念 1976 年在白人统治下爆发的反种族隔离政策的南非青年抗议示威。"扎库米"名字中的头两个字母 ZA 是南非 11 种官方语言中最主要语言南非语中"南非"的缩写；后面的字母 KUMI 在许多非洲语言中意思都是"10"，意味着南非世界杯举办的年份。南非世界杯组委会发言人默迪斯说，在南部非洲的一些语言中，"扎库米"也有"欢迎前来"的意思。

■ 图4-112 2011西安世界园艺博览会吉祥物长安花　它的形象来自西安市花——石榴花，身体的形状和色彩以石榴为创意核心，名字朗朗上口，既符合西安的民族特色，又与世园会会徽的设计理念相呼应。

■ 图4-113 腾讯QQ吉祥物　其吉祥物的衍生产品覆盖方方面面，其可爱的形象为QQ在众多免费聊天工具脱颖而出，占据全国市场贡献颇大。

别系统都能开发出理想的象征图形。有的标志、标准字体本身已具备了画面的效果，则象征图形就失去了积极的意义。这种情况，使用标准色丰富视觉形象更理想。

象征图形的设计是为了适应各种宣传媒体的需要而设计的。但是，应用设计项目种类繁多，形式千差万别，画面大小变化无常，这就需要象征图形的造型设计是一个富有弹性的符号，能随着媒介物的不同。或者是版面面积的大小变化作适度的调整和变化，而不是一成不变的定型图案。

由于象征图形大多采用多种多样的组合方式，装饰效果非常强，常用在包装纸、购物袋及企业发送的各种名片和礼品等的设计上，给人以亲切感；以及各种宣传媒体装饰画面，加强企业形象的诉求力（图4-115、图4-116）。

3 应用部分

VI整体形象的实施是面向市场。市场策略的前沿是企业形象。它的信息鲜明度来自策略化的统一视觉形象的推广。忽略企业形象的塑造和宣传，对企业的发展是十分不利的。一旦企

■ 图4-114 雅典奥运会吉祥物雅典娜和费沃斯　他们长着大脚丫，长长的脖子，小小的脑袋，一个穿着深黄色衣服，一个穿着深蓝色衣服，头和脚为金黄色，十分可爱。根据希腊神话故事记载，雅典娜和费沃斯是兄妹俩。雅典娜是智慧女神，希腊首都雅典的名字由此而来。费沃斯则是光明与音乐之神。吉祥物是根据古希腊陶土雕塑玩偶"达伊达拉"为原型设计的两个被命名为雅典娜和费沃斯的娃娃。"达伊达拉"制作于公元前7世纪，据说是世界上最古老的钟状陶制玩具娃娃，腿与身躯之间有绳索相连，使腿可以摆动。在古希腊鼎盛时期制作的这个玩具娃娃的原作现保存在希腊考古博物馆中。

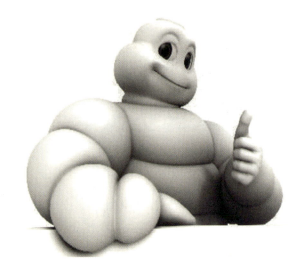

图 4-115 米其林轮胎的吉祥物

图 4-116 2008 北京奥运会吉祥物福娃　　福娃是五个可爱的亲密小伙伴，他们的造型分别融入了鱼、大熊猫、奥林匹克圣火、藏羚羊以及沙燕风筝的形象。每个娃娃都有一个朗朗上口的名字："贝贝"、"晶晶"、"欢欢"、"迎迎"和"妮妮"。在中国，叠音名字是对孩子表达喜爱的一种传统文化方式。当把五个娃娃的名字连在一起时，你会读出北京对世界的盛情邀请"北京欢迎您"。

业形象的基本要素没有企业内外多方载体的应用表现，那么企业形象就失去了形象识别一体化的作用。因而企业形象就会大打折扣。

应用系统的设计及运用，是企业机构形象表现的实际发散，是企业外部相貌的系统化构架组合，也是人们识别企业形象的最直观的途径。每个企业都有适应自己的应用设计项目。由于各自特定的形象载体不同，因此设计的结构、表现、效果也不同。设计师应根据企业的具体要求在符合基本要素的规范中加以规划，以便进行整体规范化的统一设计。这就是企业间各自形成独立的形象识别体现的重要区别所在（图 4-117、图 4-118）。

3.1 办公用品设计

在 VI 的应用体系中，办公用品设计是整个体系中涉及面最多的一个项目。由于办公事务用品扩散面广、传播效率高、渗透力强、作用时间持久，所以是企业重要的视觉传达载体（图 4-119～图 4-121）。

办公用品类具有双重功能，有公务上的使用功能，又有视觉上的识别功能。在各项活动、业务往来、日常交往中，企业的办公事务用品往往会起到重要的宣传作用。办公事务用品一般包括：名片、信封、信纸、便签、传真纸、工作证、记事本、公文袋等事务性用品，还有请柬、报价单、发票、预算书、介绍信、合同书等。

由于品种的不同，办公用品设计的内容既要有所差别，又要保证构成要素基本相同。在每一项应用设计中，基本要素是必须出现的。根据品种的不同，可印上联系地址、电话、传真、邮

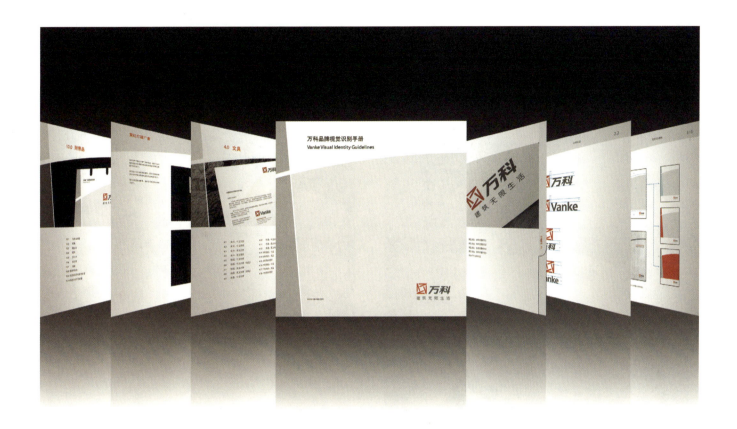

图 4-117 万科企业形象设计

图 4-118 JIA 企业形象设计

政编码、网址、E-mail 等，还可以印上品种的名称，如"请柬"等，有的还包括企业理念、经营内容等构成要素。

设计中，要考虑到空间布局、文字图形的色彩、纸质肌理、印刷表现等要素。运用繁简疏密、粗细大小、虚实浓淡等表现技法，达到统一中有变化的视觉效果，从而传达出企业的风格特征并形成统一的形象体系。

3.1.1 名片

(1) 名片规格

名片的标准尺寸为 55mm×90mm。如喜爱特殊尺寸，可以在宽度上进行变化，但不得低于 45mm、高过 55mm 的造型。或者可以考虑折叠形式的名片设计，而长度不易变化。因为多数名片夹，名片盒都是按照标准尺寸制作。

(2) 名片设计

通常，所有内容设计在一个面上，也可以双面均设计。内容包

图 4-119 neublok 办公用品设计

图 4-120 neublok 办公用品设计

括：标准标志、企业或机构名称、名片使用者的姓名和职务、企业或机构的联系方式、名片使用者的联系方式。

造型通常为横式，也有竖式。竖式名片看起来儒雅别致，因而文化、艺术等机构使用的较多。

(3) 名片的材料

名片的材料有一定的流行性，但要注意选用符合设计思想的色彩和质地。同时，普通名片和特殊名片的材料，在选择上也要有所区别。

(4) 名片的标准制图

通常名片设计完后，要标明关键的设计要素离名片边缘轮廓的尺寸关系，另外还要注明名图片的规格、纸张、工艺、字体、颜色等信息（图 4-122～图 4-124）。

(5) 名片的印刷

一般名片采用多色胶印或专色印刷，还可根据实际需要采用不同

图 4-121 autentika 办公用品设计

VI 设计

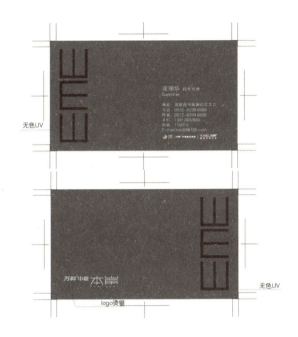

图 4-122 本岸名片设计

图 4-124 爱国者公司名片设计

图 4-125 特殊工艺名片设计

的印刷工艺，比如烫金、烫印、扪切、顶鼓、局部UV等（图 4-125）。

3.1.2 信纸

(1) 常见规格

184mm×260mm；216mm×279.5mm；210mm×297mm（图 4-126～图 4-129）。

(2) 信纸材料

一般用 80g-100g 的普通纸。如果是草稿纸，可以使用最低廉

图 4-123 国家电网公司名片设计

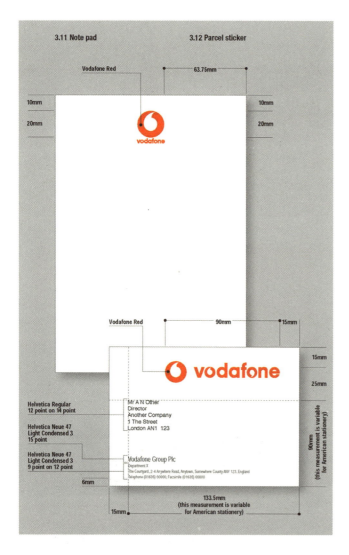

图 4-126 沃达丰公司信纸设计

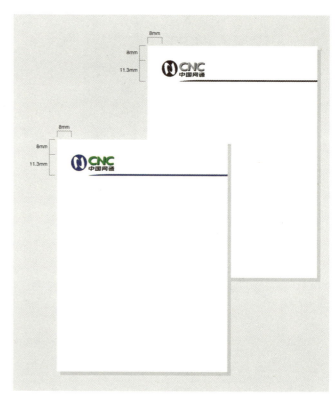

图 4-128 中国网通公司信纸设计

图 4-129 中国石油化工股份有限公司信纸设计

图 4-127 Ronig 建筑公司信纸设计

的文件纸。特殊用的信纸可以采用特种纸，其色彩、机理、质地、厚度要根据设计需要来选择。

(3) 设计要素的安排
信纸中的设计要素包括：企业标志、中英文名称、标准色和辅助色、联系方式、象征图形等。在设计时，要留够功能区域的面积，如果为了强化信纸的设计感和装饰性，可适当装饰（大面积铺设底纹，显得较为华丽；局部铺设底纹，显得很别致）。

(4) 信纸的标准制图
一般情况下，设计师需要标明信纸中的各设计要素离信纸边缘的尺寸关系，另外，还要注明信纸的规格、材质、工艺、字体、颜色等信息。

3.1.3 信封

(1) 信封规格
小号（5号）：220mm×110m；中号（7号）：230mm×158mm；
大号（9号）：320mm×228mm。

(2) 信封材料
一般信封用 80～100g 的普通纸；中号以上常用白牛皮纸或彩色牛皮纸；特殊信封可以选用 80～120g 的特种纸。

(3) 设计要素安排
企业或机构的设计要素，主要内容包括企业或机构的标志、中英文名称、通信地址、邮政编码、电话、网址等。为增强信封表面的层次感，可适当衬托一些辅助图案和辅助图形，但只能少而精，要尽可能保持信封表面的简洁。

(4) 信封的标准制图
通常，信封设计也是需要设计师标明信封中的各设计要素离信封边缘的尺寸关系，另外还要注明信封的规格、材质、工艺、字体、颜色等信息（图 4-130～图 4-132）。

3.1.4 便笺纸、便条纸、留言条

这类办公用品纸在办公室务中的用途是画草图、速记及记事等，不作为正式文件用纸。因此，对规格的要求也比较宽松。然而作为非正式的文件纸，为了避免浪费，往往将规格与标准信纸相结合，并相应缩小比例，一般为信纸大小的 1/2、1/3、1/4、1/6 等。

材料多半使用廉价的纸张或再生纸。但也有些企业或机构对便笺纸的要求较高，尤其是企业中的接待、客户服务等部门就不能过于节约，使用纸质也是凸显企业的服务质量（图 4-133、图 4-134）。

设计样式一般与信纸的设计一致。若尺寸过小时，可减少一些设计要素，甚至只使用一些象征图形，并作淡化处理，以留出作为书写的功能区域。

尺寸标注的方式和前面几项的方法相同，需要设计师标明的各

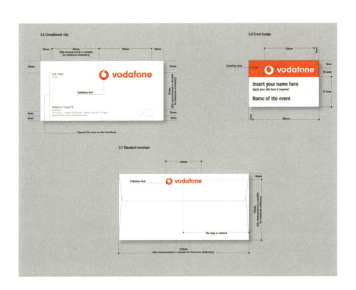

▣ 图 4-130 沃达丰信封设计

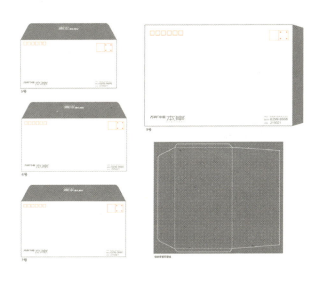

▣ 图 4-131 本岸信封设计

图 4-133 风办公用品设计

图 4-132 翡丽山办公用品设计　　图 4-134 优秀办公用品设计

设计要素离纸张边缘的尺寸关系，另外还要注明规格、材质、工艺、字体、颜色等信息。

3.1.5 其他

在办公用品中，除了上面介绍的名片、信纸、信封和便笺纸等几个设计项目外，内部文件、档案袋、资料袋、卷宗、笔记本、台卡、卷宗夹、文具、电脑光盘封面、请柬、贺卡、证书、票据、纸杯、传真纸、票据夹、合同夹、合同书、档案盒、薪资袋、识别卡（工作证）、临时工作证、出入证、公函、备忘录、简报、直式、横式表格规范、电话记录、聘书、岗位聘用书、奖状、公告、考勤卡、请假单、名片盒、及时贴标签、意见箱、稿件箱、杯垫、办公用笔、笔架、公文包、通讯录、财产编号牌、培训证书等，都是传达企业文化的形象载体（图4-135～图4-138）。

在设计时，应以基础要素为主体元素作一体化的设计。但应当注意的是，基础要素在具体项目设计中，应视具体情况选用标准色、辅助色、象征图形和吉祥物，以增加画面的层次和美感。

一般都是采用辅助色、象征图形来设计，使画面形成鲜明的层次对比，并保持风格和形式的一体化、个性化和时代感。规范尺寸标注的方式和方法及其要求都和前几个设计项目基本相同。

3.2 产品包装设计

在VI设计中，包装设计是产品转化为商品并作为商品一部分的重要行销要素，也是企业的面孔。因此，产品的造型和色彩都应体现出企业的个性，同时也要照顾产品特性（图4-139～图4-141）。

我们都知道，消费者在购买商品时，包装作为商品的镜子，有时比商品本身还重要，它是市场营销的工具。经常出现在消费者身边的包装设计，直接影响着企业形象。

产品包装设计包括企业的大件商品运输包装、外包装箱（木质、纸质）、商品系列包装、礼品盒包装、包装纸（单色、双色、特别色）、手提袋、配件包装纸箱、合格证、产品标识卡、保修卡、质

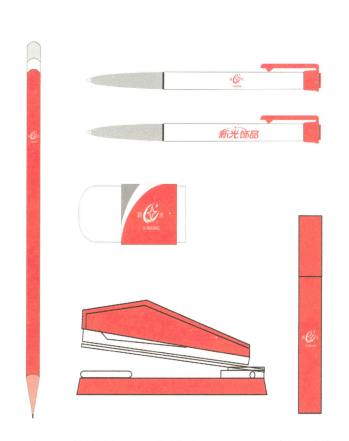

图4-136 IBC办公用品设计

图4-135 新光饰品办公用品设计　　图4-137 love meat 办公用品设计

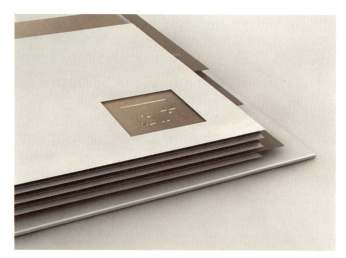

图 4-138 CU 公司办公用品设计

量通知书版式规范、说明书版式规范、封箱胶带、包装绳等。

主要设计要素:

(1) 包装形式
单件设计、成套设计、组合设计、组装设计等。

(2) 构成要素
企业署名(标志、标准字体、标准色、企业造型、象征图形等)、图形(摄影、插图等)、文字(使用说明、质量保证等)、材质(纸、塑料、金属、布、皮等)、结构、制作工艺等。

3.2.1 包装盒及包装箱

包装盒及包装箱的设计首先要体现功能作用。在视觉层面上,设计首先要体现产品的名称,其次是产品形象、消费者形象及包

图 4-139 通用产品包装规范

VI 设计

图 4-141 sprout 产品包装展示

装文案等。也有的企业只用一些重要的基础要素（如标志、标准字等）加上产品名称来设计，使包装的设计风格简洁，让消费者一目了然。

3.2.2 贴纸、包装纸及包装袋

贴纸、包装纸及包装袋的设计，一般只把标志及标准字的组合按一定的标准印刷在其上面即可。有时还添加其他基础要素，如象征纹样或吉祥物等，起到美化、装饰作用。包装袋的设计有时还要加入其他的元素，如产品形象、企业理念、地址及联系方式等。

包装设计的视觉层次主要包括 VI 视觉识别基础要素、其他形象（如产品形象、消费者形象、背景形象）及包装文案等要素。

基本要素在包装设计中主要体现为企业标志、企业名称、字体及标准色的规范应用。当企业标志与品牌标志合而为一时，更应在统一性方面作规范应用，再辅以其他形象。有的只以品牌符号作独立的单纯化设计，而不做其辅助形象的处理，着重突出主要的基础要素。对于系列包装，可在利用辅助色或包装造型结构上加以变化，但应注意整体上的统一和协调（图 4-142～图 4-145）。

3.3 交通工具外观设计

企业的交通工具每天流动于社会各种场所，是企业形象的动态宣传工具。企业的管理部门、生产运输部门的轿车、营业用车

图 4-140 护肤品包装设计

VI 的设计
VI design 77

图4-142 sofi产品包装纸计

图4-143 sofi产品包装设计效果展示

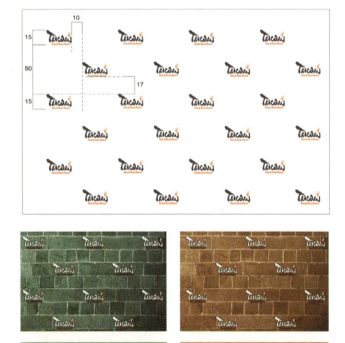

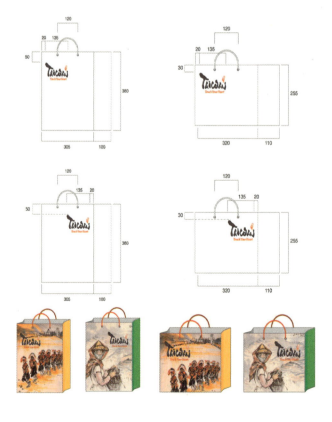

图4-144 台湾产品包装纸与手提袋设计

辆、运输用车辆、作业用车辆，也包括船舶、飞机等，这些运动着的传播媒体，是企业形象宣传的重要渠道，要追求更高的视觉认同和识别。

车体设计一般要注意基础要素的一体化运用，既要追求更高的视觉认同和识别，又要保持与其他项目设计风格、形式的一致性和系列感。设计时，可根据企业单位的产业结构状况灵活设计。通常以标志、标准字为设计主体内容，另外再搭配一些标准色、辅助色、象征图形和吉祥物等。总之，整体简洁、新颖、明快、易于识别是流动广告的基本要求（图4-146～图4-149）。

图4-145 中国联通手提袋设计

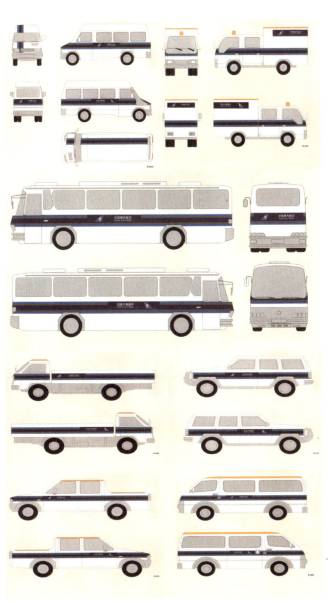

图4-146 南方航空交通工具外观设计

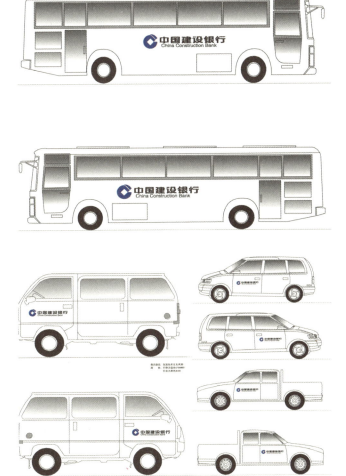

图4-147 中国建设银行交通工具外观设计

▲ 图4-148 隆生物流交通工具外观设计

▲ 图4-149 nuevo运材车外观设计

3.4 企业环境设计

企业环境设计是指企业环境的识别指示标识设计，如招牌类；室内外直式、模式、立地招牌设计；大楼屋顶、楼层招牌设计；楼下、楼柱面招牌设计；悬挂式招牌设计；柜台后招牌设计；企业位置看板（路牌）设计；符号指示系统（含表示禁止的指示、公共环境指示）设计；机构、部门标示牌设计；标识性建筑物壁画、雕塑造型设计；主要建筑物外观风格设计；建筑内部空间装饰风格设计；大门入口设计风格设计；室内形象墙面设计；厂区外观色带设计；玻璃门色带风格设计；柜台后墙面设计；公布栏、室内精神标语墙设计等。

企业的内外部环境是体现企业整体形象的重要载体，是融环境功能与视觉形象为一体的形象工程。设计师应根据企业环境的具体情况，将环境空间与形象要素相协调。如建筑外观的标识要醒目、易于识别，但具体的大小、位置、方向、形态等应考虑环境载体条件。

3.4.1 指示牌设计

机构、部门和公共设施分布指示牌（图4-150、图4-151），对

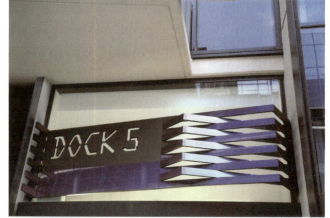

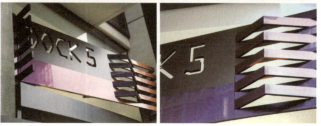

▲ 图4-150 指示牌与门牌设计

于商店、酒店、医院、机场、候车亭等对外服务或公共场所尤其重要，它能有效的疏导人流，减少语言沟通所带来的麻烦。楼层分布图及楼梯间指示牌，如果在多层建筑中有明确的楼层指示牌，可以让人一目了然地了解该楼层的分布图。车辆行驶、停放指示标识牌，应保证有与交通管理一致的图形语言。

区域指示牌的设计要以分布内容和企业标准色为主，企业标志、名称等要素通常是安排在次要位置，但要处理得当，不能显得可有可无。但是车辆行驶、停放指示牌的色彩可适当与企业标准色协调；若有可能产生歧义，则要考虑使用交通专用色。企业标志、名称等要素可用可不用。

3.4.2 门牌设计

部门牌、公共设施门牌等的设计要素应以门牌所示内容和企业标准色为主。公共设施门牌可以辅以图形符号或装饰纹样，帮助人们确认设施的功能或所属。

3.4.3 企业铭牌设计

置于企业大门或建筑物墙面上的企业铭牌，是企业所在地的重要标识。通常情况下，设计要素应以企业标志、中英文名称、标

图 4-151 翡丽山导视设计欣赏

准色等为主。设计时要根据具体的环境确立几个要素的组合关系、材料和加工工艺。

3.5 展示陈列设计

展示陈列设计是直接面对市场及消费者的窗口，更不能轻视形象的规范设计。例如：橱窗、门面、店内装潢、货柜、陈列架、陈列牌及销售区指示符号、休息区、收银台、展台等，均统一规范（图4-152~图4-156）。

展示陈列设计要突出企业及品牌的统一形象，企业的标志、标准字、标准色、辅助色、吉祥物等是重要设计元素。

3.6 识别服饰设计

在企业内部实行统一着装，是使员工产生归属感的一种有效手

◉ 图4-154 KALUGA QUEEM 沙丁鱼展示设计

◉ 图4-152 onlime 展示设计

◉ 图4-153 青山湖8号展示设计　　◉ 图4-155 现代销售门店展示设计规范

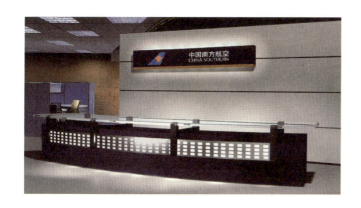

图 4-156 南方航空前台设计

段，同时也便于企业管理，并为企业带来统一的视觉效果。对外也树立了企业的良好形象。

服饰设计应视员工工作性质、工作岗位制定不同的样式，选用不同的面料，不能一概而论。服饰造型也要符合员工的工作身份和实际需要，同时也要考虑款式的流行趋势和色彩的协调搭配（图 4-157 ～图 4-159）。

识别服饰设计包括：办公制服、作业用制服、运动帽、鞋、袜、手套、领带、领带夹、领巾、皮带、衣扣，安全帽、工作帽、毛巾等随身配饰物件，也要一起设计。应当注意：企业服饰系列设计，不可一味追求好看，要着重考虑工作的实际便利和制作成本，特别是企业形象的统一传达。服饰设计有时为了企业管理需要，可根据工作岗位的不同而设计不同的款式和使用不同的专用颜色加以区分。

图 4-157 运达创业园识别服饰设计

主要设计要素：
企业基本视觉要素的运用，如企业标志、企业名称、标准色、广告语等，服饰的内外造型（外观形态、内部款式等），质料（如朴素自然的棉麻布料、庄重挺拔的毛料、华丽高雅的丝绸缎料等），不同岗位性质的服饰色彩，专制的衣扣、领带、领带夹、拉链、皮带等服饰配件。

3.6.1 办公服饰
办公服饰属于企业行政办公人员的统一服装，大多采用流行的西服样式。其面料以毛料为主，色彩以黑灰、蓝灰和灰色为主，主要显示端庄、沉稳、成熟，适合办公人员的职业和环境气氛。

3.6.2 工装
工装主要是根据工种类别和性质设计的，工装材料也随之有所

图 4-158 圣迪乐识别服饰设计

图 4-159 音乐无限识别服饰设计

图 4-161 tendengias 公司识别服饰设计

图 4-162 绿江公司识别服饰设计

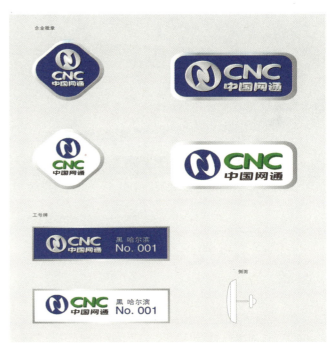

图 4-160 中国网通识别饰物设计

变化。例如：车间里的工人、商店里的销售员、酒楼里的服务员、建筑工地的施工者，他们所处的环境和作业内容不同，因此设计要有所区别。

一般工装的设计要顾及穿着者是否便于操作，是否耐脏、耐磨。除此之外，为了强化企业形象，工装的设计还要突出企业的个性和文化品位。工装的材料选择大多为化纤、卡其布、牛仔布等。工装的色彩应根据工种的性质来确定，这主要考虑到其特殊的工作环境。

3.6.3 T恤

在夏季，企业都喜欢以文化衫作为统一的着装，价廉物美又舒适。T恤多以针织面料为主，设计形式可以较为活泼。其颜色多为企业标准色和辅助色，图案多以企业标志、标准字体、象征图形或者吉祥物等。图案加工方式以丝网印刷、热转移、绣制为主。

3.6.4 饰物

饰物的种类主要有帽子、领带、领结、丝巾、别针、领带夹、胸卡等（图 4-160～图 4-162）。由于饰物的大小不一，材料各异，所以要根据实际情况进行设计。如领带、领结、丝巾等多以企业的象征图形为主要表现对象，而扣子、领带夹、别针等由于面积较小，所以设计则以单独的企业标志为主。企业标准色和辅助色为装饰色彩。

3.7 旗帜设计

企业旗帜一般分为司旗、桌旗、竖旗、挂旗等。其样式丰富，设计形式各异，是企业对外树立形象、制造现场气氛、加强感召力的重要形式之一。旗帜的主要设计要素一般为标志、标准字体、标准色等。象征图形只限于竖旗和挂旗。对于企业的司旗、桌旗一般不适用。

基本设计要素：
企业标志、企业名称简称、标准色、企业造型、广告语、品牌名称、商标、图形、材质（纸、布、金属等）。

3.7.1 司旗

企业或机构一般都有一两面代表自己形象的旗帜，其称谓可根据企业性质而定。如公司称为"司旗"，商店称为"店旗"，学校称为"校旗"等。

司旗的规格：
大型企业或机构一般为1440mm×960mm，中型企业或机构一般为960mm×640mm。旗面适用材料一般为尼龙防水面料，以胶印工艺印制。要求高质量旗帜的材料，可采用特殊面料和水印工艺制作，也可以使用绣制工艺。司旗主要悬挂在企业门前的特指专用旗杆上（图4-163）。

司旗设计要素为企业标志、企业名称、专用色彩。由于飘动的旗帜使人很难看清楚上面的细节，所以对司旗的设计要求尽量简洁、明快、效果强烈、一目了然，尤其要突出企业标志和专用色彩这两个核心要素。有些知名企业为了净化旗面，增强视觉冲击力，在旗面上只设计标志形象，整体效果大气、简洁而庄重。

3.7.2 竖旗

竖旗是为烘托气氛而使用的旗帜，分为形象旗和广告旗两类。形象旗是常用旗，在任何活动可与不同主题的广告旗一起使用。它的基本作用除了起到烘托场面气氛外，还具有延续企业形象整体感和一致性的作用。广告旗是根据具体的广告主题来设计，服务于具体的广告活动。

竖旗规格：
竖旗的宽度一般为750mm，长度可根据需要进行设计。灯杆竖旗的规格一般为750mm×1500mm。也可根据需要设计特殊尺寸的竖旗，但宽度通常不超过800mm。竖旗的材料和印制工艺与司旗大体相同。竖旗主要是用在企业相关的重要活动中，如企业庆典、企业赞助活动、企业大型展览、运动会等，使用环境主要是街道两侧的灯杆，在公园、广场四周也可设立（图4-164）。

设计要素和司旗基本一样，设计风格和样式与司旗一致。但司旗一般为横构图，竖旗为竖构图，设计要素的排列与构图方向配合。旗面上的图文组合、色彩运用不要有太大的层次变化。如果有足够的位置，可以考虑在旗面上加企业宣传用语、企业精神和企业理念等方面的内容，但要尽量做到语句简练。

3.7.3 桌旗

桌旗是摆放在桌子上的旗，也叫刀旗。因其摆放形似刀的式样而得名（图4-165）。

规格：
桌旗分横竖两种，横式规格一般为210mm×140mm，竖式为

图4-163 国家电网旗帜设计

图 4-164 音乐无限旗帜设计

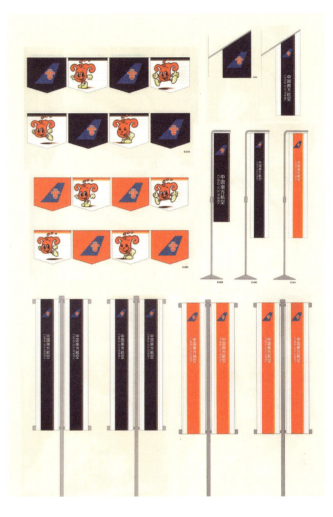

图 4-165 南方航空旗帜设计

140mm×210mm。横式桌旗与竖式桌旗的插放有所不同。横旗斜插，似刀；竖旗垂挂，像帘。

设计要求：
内容和式样与司旗基本一致。然而，桌旗多为对式摆放，设计时可以让两面旗完全一样，形成重复关系。也可在色彩上进行正负调换，形成对比。

桌旗的面料一般要求硬朗，因不必担心风吹雨淋，其制作的精致程度较高。所以，大多企业采用水印工艺，有时也有纸面材质的桌旗。

3.7.4 吊旗

吊旗与竖旗一样，不是平时悬挂的旗帜，多半是在一些活动中为了活跃气氛、增加热闹程度而悬挂的。

吊旗也分为形象旗和广告旗。广告旗必须在具体的广告活动前，根据活动主题来设计，形象吊旗要作为基础事先完成，在任何活动中与广告旗一起使用，这对于丰富视觉、强化企业形象宣传具有一定的效应（图 4-166）。

吊起的规格，可以按照正方形和矩形两种类型设计，具体尺寸要根据实际需要而定。矩形比例按照黄金比即可，横竖构图均应考虑。除此之外，还有三角形、异性的吊起样式，一般根据实际的宣传需要，有选择地进行设计。

吊旗的材料大多采用纸面，也有个别采用布面。吊旗设计要素与前面几类旗帜大体相同。由于吊旗的作用主要是为了活跃气氛，渲染空间层次效果，因此其设计风格可以适当活泼一些，但不能脱离基本的设计风格（图 4-167）。

旗帜的种类还有很多，如奖旗、锦旗、条形挂旗、庆典旗等，这

图 4-166 郁金香岸竖旗设计

图 4-168 青山湖 8 号公关礼品设计展示

图 4-167 天津工业大学 50 年校庆吊旗设计

图 4-169 NICI 礼品设计公司产品展示

些都是企业形象应用规划的实际项目。旗帜对于企业而言，它对内外公众都具有引导和凝聚的作用，是 VI 基础要素的有效载体，因此在旗帜设计中要灵活运用。

3.8 公关礼品设计

公关礼品是企业为联络各方感情的媒介物，因此要在其上表明企业的形象要素。注意：既要把标志表明，又不能破坏礼品的原有形象，应尽量做到两者协调统一。公关礼品的品种很多，从小饰品到高级礼品都有，设计时要充分考虑到企业的性质和经济实力（图 4-168～图 4-170）。

3.9 媒体宣传设计

媒体是企业与消费者之间的沟通媒介。在 CIS 战略中，媒体宣传在企业与消费者沟通中占有很重要的位置。因此，媒体活动

物料

HE ONCE FOUNDED CHINA IN THE WORLD
PAINTER INTERNATIONAL
PICTURE PRICEHIGHEST RECORD

图 4-170 翡丽山公关礼品设计展示

作为沟通活动所担负的作用巨大，尤其是导入媒体宣传和在此之前所进行的预备宣传，要耗费很大的财力、物力才能将开发的理念传达给社会。媒体宣传的项目主要包括电视、网络、报纸、刊物、邮递品、海报、路牌灯箱、霓虹灯等。这些在企业形象的传播中都起着重要的作用。

3.9.1 招贴、报刊广告

招贴、报纸及杂志广告都属于印刷类广告。其中，招贴与杂志广告可以印制较为精美的广告画面，而报纸广告的印制相对较为粗糙，在设计时要将实际的印制条件与设计效果结合起来考虑。这三类广告的构图比较接近，分为矩形构图和方形构图。其中矩形构图又分为横构图和竖构图两种情况，比例参照黄金矩形。报纸广告略为特殊，有时会提供通栏的位置。其矩形的比例出现类似 34.5：12、34.5：10 或 34.5：8 的长条形状（图 4-171）。

3.9.2 路牌广告

路牌广告的材料和制作与广告塔较为接近，但设计要求却与招

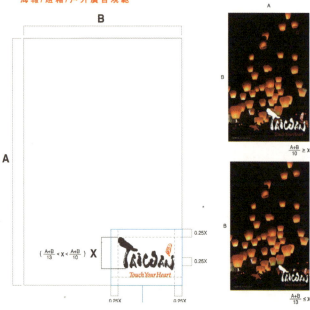

图 4-171 台湾展会海报、灯箱、户外广告规范

贴类似。由于为路牌广告提供的发布媒体样式多种多样，因而路牌广告的构图比例变化相当多，没有具体的规格限制。如建筑工地围墙广告、候车亭广告、人行道护栏广告、高速公路架高广告等不一而足。因此，路牌广告往往不能在 VI 手册中为其设定准确的比例，需要根据实际情况来确定，其样式可参照招贴等平面媒体（图 4-172）。

3.9.3 灯箱、霓虹灯、液晶显示牌广告

灯箱及霓虹灯、液晶显示牌都是广告在夜间的表现媒体。除了对企业、商品进行宣传外，还能起到美化城市夜景的作用（图 4-173～图 4-175）。这类广告的设计除了要注意在灯光中的特殊效果外，还要考虑到白天没有灯光时的视觉效果。

3.10 网络传播设计

随着信息技术的发展，互联网的普及，越来越多的企业关注网络传播这一新兴媒体，大多数企业都希望有一个特别的网上形象来吸引越来越多的客户关注自己的网站，关注企业的产品及其未来发展等。如今，在网上我们可以看到好多著名企业的形象网站（图 4-176～图 4-179）。

网络传播设计实质是一种交互式的多媒体设计，是利用网络技术及其他数码技术进行传播的一种方式。它是一种集各种艺术形式及数码技术为一体的综合表现形式。在设计时，必须考虑到它的特点，如分辨率、结构与层次、交互设置、浏览习惯等。目前，在 VI 设计里涉及最多的就是公司网页设计即网站的前台（界面）设计。

4 VI 手册设计

由于各企业的性质、规模不同，VI 手册的内容侧重点也不同。因此，在设计手册是可考虑将基础部分和应用部分合订为一册装订或分成多册装订。通常情况下，中小型企业多采用将基础部分和应用部分合订为一册，并以活页形式装订（图 4-180～图 4-184）。

对于较大型企业，通常会采用分册装订。将基础部分作为一部分装订成册，并采用活页装订，以便后期增减。而应用部分的各应用项目可合订为一册，并采用活页装订。这种方式可以在基础部分完成后，先行成册，在应用项目的开发设计中，方便参阅最常使用到的基本规定，有助于应用设计的展开，也有助于应用项目导入时的使用。或者根据企业不同机构（如分公司）或按照类型，将应用设计项目分册编制，可区别管理种类、内容不同的应用项目，并为每个应用项目分别设计各自的目录（图 4-185）。

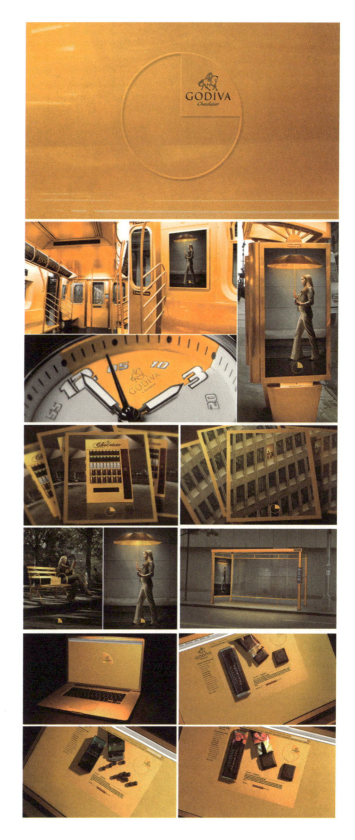

图 4-172 GODIVA 公司在各类媒体的宣传设计

◨ 图4-173 deisas 户外广告设计　　　◨ 图4-174 nici 礼品公司户外广告设计　　　◨ 图4-175 奇瑞汽车户外广告设计

图 4-176 卡西欧网站界面设计

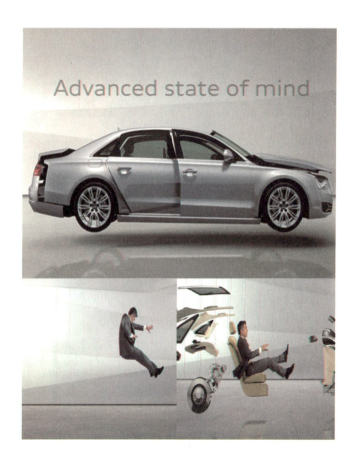

图 4-177 BP 网站界面设计

图 4-178 奥迪 A8 网站界面设计

◼ 图4-179 汉高网站界面设计

◼ 图4-180 丸石自行车VI手册设计

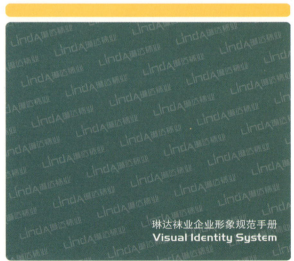

◼ 图4-181 琳达袜业VI手册封面设计

图4-182 希捷VI手册设计

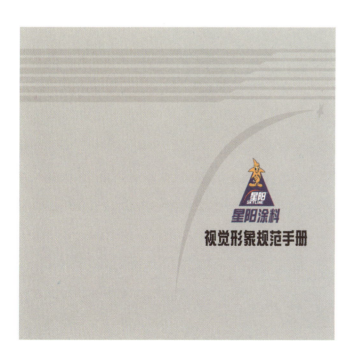

图4-183 星阳涂料VI手册设计

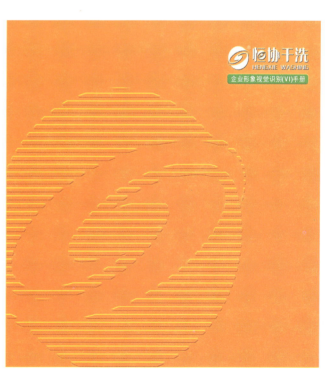

图4-184 恒协干洗VI手册设计

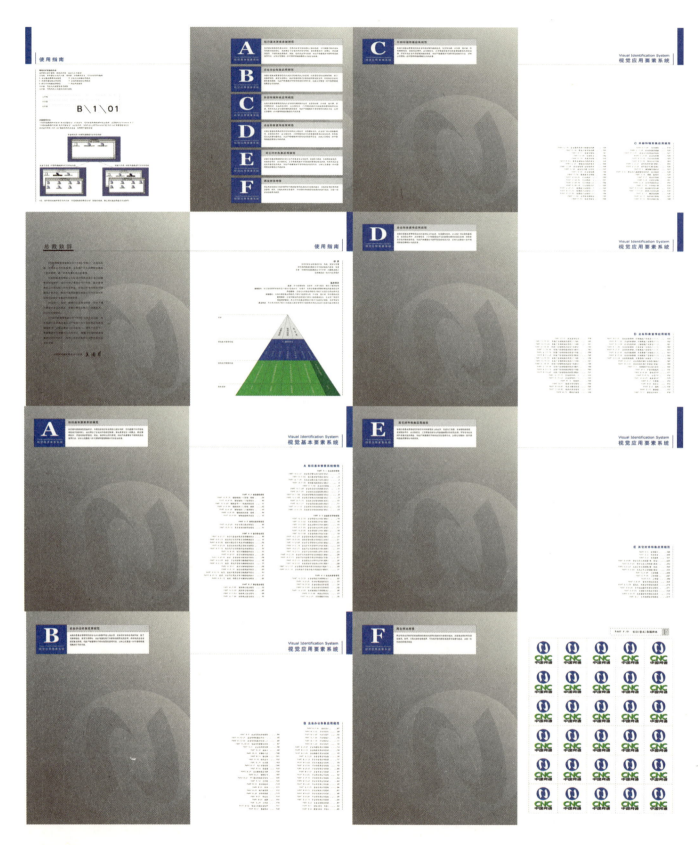

图 4-185 中国网通 VI 手册设计各部分目录设计

第五章 VI 视觉识别手册

1 **VI 设计管理手册的目的与重要性**

为了确保 VI 概念的准确无误的使用创造完美，统一的企业视觉形象，必须对 VI 基本要素以及应用规定与方法编辑成一份具有权威性的指导文件，即 VI 设计手册（Visual Identification Manual）。VI 设计手册是设计开发作业的最后阶段，综合全部识别系统开发项目作业以及各种运用规范、方法，编辑成册的指引设计的规范。VI 设计手册是 VI 实施的技术保障，是 VI 管理的依据，是巩固 VI 开发成果的必要手段。

优秀的 VI 设计在于

（1）能明显地将该企业与其他企业区分开来的同时又确立该企业明显的行业特征或其他重要特征，确保该企业在经济活动当中的独立性和不可替代性；明确该企业的市场定位（图5-1）。

（2）传达该企业的经营理念和企业文化，以良好的形式进行视觉宣传（图5-2）。

（3）以自己特有的视觉符号系统吸引公众的注意力，并产生记忆，使消费者对该企业所提供的产品或服务产生最高的品牌忠诚度和信赖度。

（4）提高该企业员工对企业的认同感，提高企业士气。

企业 VI 设计开发作业完成后，经过实践检验，确定标志、标准字、标准色等基本要素。并依照使用的功能、媒介的选择，制

▣ **图 5-1 阿迪达斯标志与产品** 运动品牌阿迪达斯给人的品牌形象是沉稳大气，设计精良，科技含量高。为此品牌代言的运动明星也大多数也是从容大气，发挥稳定，技术细腻的运动员。

▣ **图 5-2 耐克标志与产品** 相比阿迪达斯做为后起之秀的耐克，其品牌形象就有许多不同，它的感觉是时尚流行，制作精良，积极向上。为此，品牌代言的运动明星大多都是我行我素，个性张扬，技艺超群的运动员。

定各种运用的规范和方法。VI 设计手册是将所有设计开发的项目，根据其使用功能、媒体需要，制定出相应的使用规定和方法。编制 CI 手册的目的在于将企业信息的每个设计要素，以简明、清晰、正确的图例和文字说明进行统一规范，作为实际操作、应用时必须遵守的设计标准与执行准则。

VI 设计手册的内容是要根据不同企业的不同 VI 内容而定，没有绝对的标准和统一的规定，但还是有共同之处。在手册项目的设置方面大致可分成两个部分，即基本系统的部分和应用系统的部分。基本系统部分相对来说是比较固定的，而应用系统部分则可以根据项目的内容无限制地增加，确保形象的统一。

2 VI 管理手册的体系

VI 手册的制作完成，并不意味 VI 系统已经植入企业的文化理念之中。VI 系统的导入是一个长期的过程，在企业正式导入后，还将面临一系列的操作，这需要管理委员会的共同努力与帮助才能得以进行。从长远来说，企业需要与策划机构保持密切联系，确保 VI 能够合理、准确的导入。

实施 VI 的关键是企业的最高决策者对 VI 设计导入的坚定意志与信心。VI 的实施是关系到企业前途和命运的大事，对企业未来发展来说具有举足轻重的作用。如果企业决策人三心二意，持可有可无的态度，那么可以断定，这样的 VI 设计必然是徒劳无功的。当然，除了决策者的努力之外，VI 设计的导入与企业员工有着密切的联系，每一个员工都要积极地投入与参与，以企业理念来有效的指导行动，贯彻 VI 设计的实施。如果员工的言行举止不符合企业的文化精神，哪怕一个人，也将会给企业带来巨大的损失。

企业导入 VI 后，要设立专门部门，负责 VI 手册的综合管理和维护工作。VI 手册的管理要立足于保证权威性，统一企业的情报信息，达成一致的企业形象。即使 VI 手册明确列出的规定，也常常产生判断方面的问题，甚至可能导致错误行为。因此，需要 VI 管理部门负责指导、管理公司手册的正确使用。

伴随时代的发展，科技的进步，市场的需求，内部的成长，在实施 VI 过程中，如果出现手册里没有列举的要求，就必须制定出新的规则和方法，修改手册中不合理的规定和任务，来保持 VI 蓬勃旺盛的生命力，确保 VI 实施能够符合发展（图 5-3）。

3 VI 管理手册的维护

各企业实现 CI 计划后的处理方式，决定了该企业设计手

图 5-3 Metrio Coffee VI 系统设计复古的标志设计以及淡雅的颜色搭配

册的综合管理部门和管理方法。例如：设置 CI 专门部门，或由公司某旧有的部门负责 CI 的管理业务。负责管理 CI 业务的部门，最好也兼任 CI 设计手册的综合管理和维护工作（图 5-4）。

即使是设计手册中所明确列出的规定，也常产生解释、判断方面的迷惑，甚至采取错误的施行方法。因此，CI 部门必须针对种种事例，做出适切的判断，指导、管理全公司正确使用设计手册的方法。在推展 CI 的过程中，如果出现设计手册里没有列举的要素，就必须制定新的设计用法和规定；这时，CI 管理部门应根据公司的需要，慎重检查后增订新规定，并给予判断指示。在能力范围内，最理想的做法是找负责 CI 设计开发的设计师商谈，共同制定出设计手册中的新规定。此外，在增补设计手册时，新页数的印刷、散发和已经散发出去的旧手册，必须给予追加的指示和联络。

4 VI 管理手册的检测与反馈

VI 投入在实际的操作运行之后，必然得到社会各界的关注。其中，企业管理者和消费者成为至关重要的人群。作为企业管理者，他们会随时感受 VI 给产品带来的直接效应和反应，会与之前的市场情况进行比较分析，总结分析其得失的原因。作为消费者，将进一步关注 VI 的视觉效果和宣传力（图 5-5）。

通过检测，将进一步了解 VI 手册存在的问题，将得出的结论反馈给指定 CI 的管理部门，调整和计划提出建设性的建议，保证 VI 实施顺利进行。

图 5-4 俄罗斯铁路公司 VI 设计

图 5-5 alka 公司 VI 设计

第六章 案例赏析

案例：美国加州餐厅连锁店 The Kickin' Chicken 的 VI 设计

◨ 图6-1 美国加州餐厅连锁店The Kickin' Chicken 新标志　新标志比起过去的标志显得更加简练并突出重点，标准字体更加大方清晰，同时突出了企业标准色。所以标志在整个 VI 系统的运用中表现力更加出色。新的 VI 设计将企业形象表现得更加清晰，在快餐行业目标消费者中，儿童占有很大的比例，新的 VI 设计通过可爱的图形与欢快的色彩营造了一个欢乐的就餐环境，更受儿童的青睐。值得一提的是，独特的标识设计显得清新可爱，富有创意，如订餐热线的标识电话筒的另一头是鸡腿，幽默的标识让人倍感亲切和欢乐至上的企业形象。

全国高等院校设计专业精品教材

案例：天津市河西区第一幼儿园 60 周年图册设计

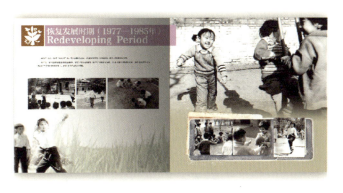

▣ 图 6-2 天津市河西区第一幼儿园 60 周年图册设计

这套视觉形象识别的设计核心是"成长"。一棵幼苗从萌芽到长大的过程，需要阳光雨露的滋润，幼儿的成长同样需要园丁的辛勤关怀，需要知识的滋养。"感知、探索、创造、表现"是儿童认知世界的主要途径与方式。这套视觉设计以图标为核心应用元素，生动地诠释出幼儿园培育儿童成长成才的重要作用。

案例：易欧建筑 VI 设计

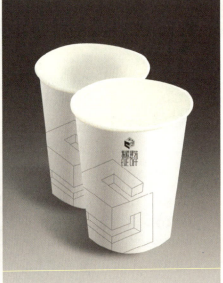

全国高等院校设计专业精品教材

◨ 图 6-3 易欧建筑 VI 设计

案例：ALKA 公司品牌设计

图 6-4 ALKA 公司品牌设计

ALKA 公司品牌设计简约时尚，主题鲜明，风格独特。设计师以字体设计为品牌延展设计的基础，应用系统简洁大方，识别性强。色彩控制成熟到位，整体有序。VI 设计中要注意的是统一的应用是大前提，是体现企业文化的重要载体，快速传递品牌形象是必不可少的。

案例：Lux Art InstituteVI 设计

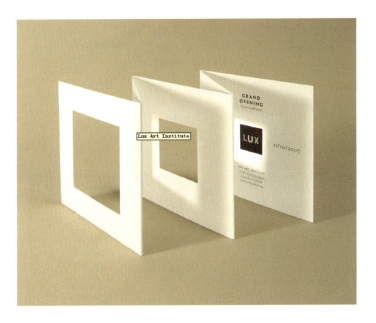

图 6-5 Lux Art InstituteVI 设计

国外优秀的少儿美术培训机构，他的目标客户群是那些希望孩子能够接受优良艺术熏陶的家长们。所以他的纸质印刷品版面利用率都很小，并且淡雅简洁，他们并不是希望去吸引孩子的目光，而是从家长的角度出发。他们的宣传品并不是要将许多文字的信息抛给受众，而是要将一种艺术感觉传达给这些家长们，让家长感受到 Lux Art Institute 的艺术气息，从而去了解这个品牌，相信这个品牌，将孩子的艺术教育放心的交给他们。

案例：大郑剪纸的品牌延展及包装方案设计

这是一组大郑剪纸的视觉形象系统设计。如何体现民族文化符号是这个项目的难点所在。设计师以传统书法与云纹装饰为主要图形元素，在延展设计中，注重简洁大气，层次清晰。包装方案设计上大胆的采用黑色作为主色调，结合红色和金色，体现出较为深厚的文化底蕴，使剪纸显得精致高雅。

图6-6 大郑剪纸VI设计

华胜

人胜

方胜

全国高等院校设计专业精品教材

案例赏析 107
VI design

案例：汉堡地铁 VI 设计

汉堡地铁 VI 设计的亮点在于标志和辅助色的应用，标志的可识别性很高，很容易看出是交叉的路口与或四通八达的交通网络具有行业特征，并且很具有装饰性，可以轻松的点缀在各个 VI 设计的应用部分。辅助色色彩艳丽，搭配在暗色的底图中对比强烈，给人活泼愉快的感觉。似乎地铁的旅途也并不是那么枯燥，更重要的是，这种颜色搭配易于运用在地铁站导示与地铁线路示意图中，让人感觉清晰易懂。

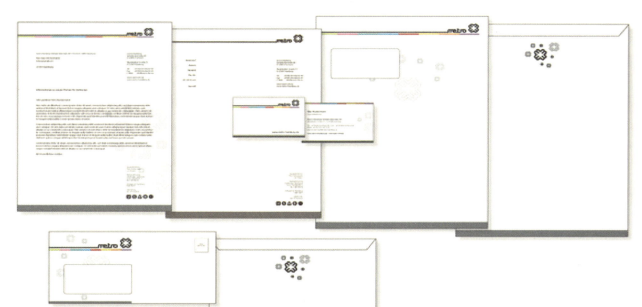

图6-7 汉堡地铁 VI 设计

案例：PRE 公司 VI 设计

图 6-8 PRE 公司 VI 设计

作为一家以纯果汁饮料为主打产品的品牌，它的 VI 设计让人倍感活力，标志与标准色给人的感觉都如同刚升起的太阳一般，活力四射健康向上。其 VI 设计将企业的理念很好地用视觉形象表达出来。字体的设计简洁，富有时尚感，转角的圆弧处理使得字体显得不那么生硬，更受女性消费者的青睐。打开它的网页你便会从它的广告语中发现，它的产品营销是针对女性的，如"健康的体形来源于积极的生活方式"，"平衡你的生活"等。VI 设计准确地将积极向上的生活态度传达给受众，并与营销策略相结合，不失为一个成功的案例。

案例：心愿花园 VI 设计

不同的色彩传递不同的情感诉求与品牌定位。"心愿花园"的 VI 设计就是以色彩与辅助图形元素的变化，为不同的子品牌注入内涵，体现不同的定位，结合强烈的立体效果，渲染出浓郁的梦幻气息。

青羊绿舟公园
QINGYANG LVZHOU PARK
创意基地 光耀文明

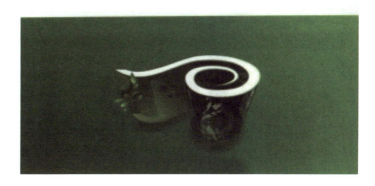

克诺索斯·幻城
HARAPPA · AWAKECITY
创意基地 光耀文明

马丘比丘·太阳城
MACHU PICCHU · SUNCITY
创意基地 光耀文明

裴休·烟雨城
PEIXIU · MISTY RAIN CITY
创意基地 光耀文明

哈拉帕·醒城
HARAPPA · AWAKECITY
创意基地 光耀文明

图 6-9 心愿花园 VI 设计

案例：爱天津网站 VI 设计

fashion Personality
时尚门户　个性真我
www.lovetj.com

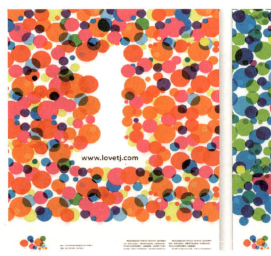

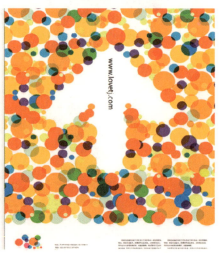

全国高等院校设计专业精品教材

▶ 图6-10 爱天津网站 VI 设计

色彩缤纷的生活是都市青年男女的主旋律，针对都市信息资讯平台的品牌定位，"爱天津"的 VI 设计采用五颜六色的彩球组合形式，形成了强烈的视觉冲击力，表现出网站信息汇集特性，凸显个性的诉求，与"时尚门户，个性真我"的广告语相呼应，达到整体的视觉感受。

■ 全国高等院校设计专业精品教材

案例：杨柳青年画企业形象设计

COLOR

SLOGAN

VALUE

TOP　　MID　　PUBLIC

■ **图6-11 杨柳青年画企业形象设计**

这是一个传统文化品牌设计项目，以杨柳青广泛流传的"连年有余"图形为主视觉元素，整合"精艺独具，妙笔凝辉"的品牌理念，用黑色、棕色、红色三种颜色，分别应用于高端、中端与大众三个系列的产品包装方案，非常清晰地区分出差异化产品的不同定位，形象仍然能够达到高度的统一。

案例：Shelly jin 应用系统设计

这是一套非常有个性的设计方案，设计师大胆的使用书法表现英文字母，结合黑色的墨晕笔触，呈现出既古典又时尚的视觉效果，使品牌形象独树一帜，卓尔不群。

图 6-12 Shelly jin 应用系统设计

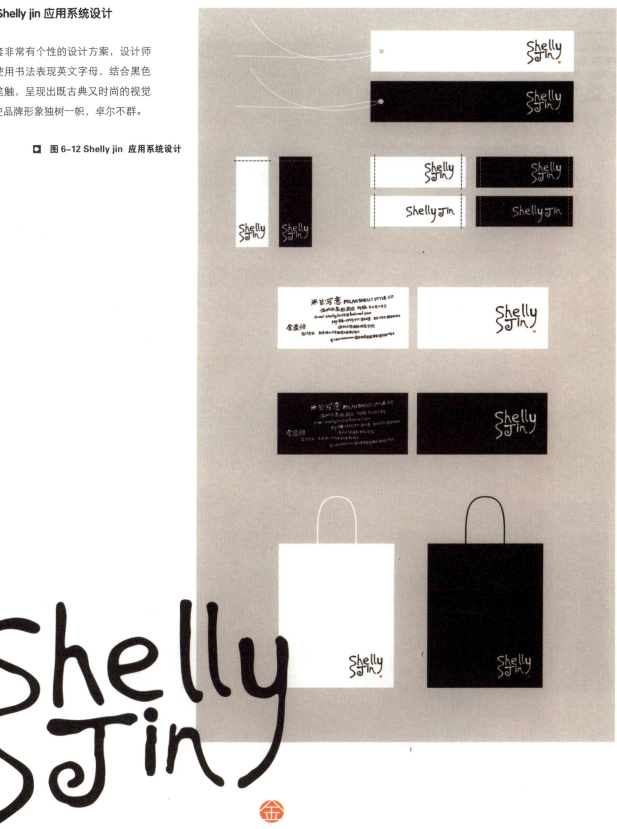

案例：美国潮流电视频道（Current TV）启用新标

图 6-13 Current TV（潮流电视台）的动态台标与形象系统

这个动态标志，飘扬感非常逼真，动态感很强。作为一个公司的形象标志，旗帜有着丰富的象征意义，特别是作为一家强调与观众互动的电视台的标志，这个动态的标志有着合理的逻辑联系点。从上图我们可以看到，其动态的形象并不固定，而是采用飘扬时的不同效果来表现，如果单独来看，其实都没有什么特别，但整体来看，还是具有一种相当大的视觉冲击力的。

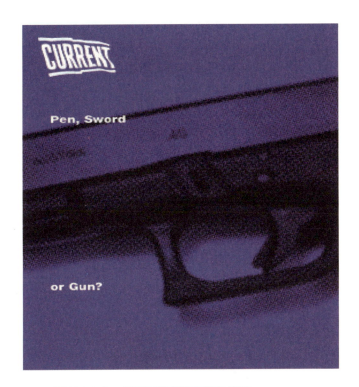

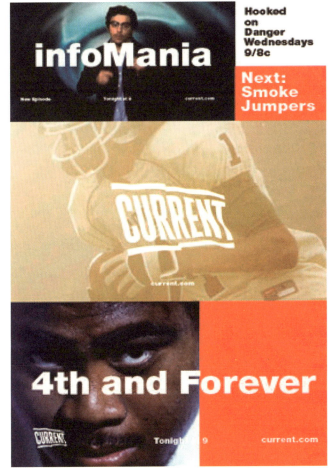

案例：传仁堂 VI 设计

图 6-14 传仁堂 VI 设计

标志设计古色古香，中国味十足，很好地体现了中医滋补的品牌特色。抽象的辅助图形设计潇洒飘逸有书法之风，同时配以青花瓷的青色，更显中国文化的特色。利用文化特色将企业形象烘托到另一个高度。

全国高等院校设计专业精品教材

传世珍补 养心沐汇

Generational Treasure
Nourising Heart, Edifying Motal

案例赏析 119
VI design

■ 全国高等院校设计专业精品教材

案例:亚洲鑫合矿业 VI 设计

全国高等院校设计专业精品教材

图6-15 亚洲鑫合矿业 VI 设计

整个 VI 设计中标志设计是它的亮点，中国古代钱币的形状与"亚"字的字体设计相结合，标志有浓郁的文化底蕴，加之红色的企业色，把企业的地域特色与业务的地域范围都体现在了标志中。英文缩写的元素巧妙地将原有的圆形打破，使整个图形富有层次感和变化，不至于单调乏味。因为标志的装饰性很强，使其在 VI 设计的应用部分中，能够被灵活运用。

■ 全国高等院校设计专业精品教材

案例：葡萄牙电力集团（EDP）VI 设计

▲ 图6-16 葡萄牙电力集团（EDP）VI 设计

标志则是一个"系列"标识，主要特征是：高亮的红色背景和中间白色的标识字体固定不变，红色的背景边框则有不同的形状变化。在标识的基础上，设计公司还制作了一套配套的图标，全部基于新标识的光亮红色背景。在应用中视觉冲击力很强，很快抓住观者的眼球。

■ 全国高等院校设计专业精品教材

案例：俄罗斯顶级俄文域名 Рф 的 VI 应用

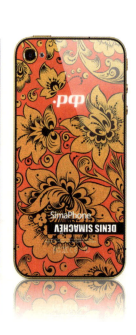

◨ 图6-17 俄罗斯顶级俄文域名 pф 的VI应用

为庆祝顶级域名"pф"推出一周年，REG.RU(俄罗斯顶级域名注册商)推出了"pф"新的标志，将建立一个专门的互联网品牌市场。新标志是由顶级域名后缀 pф 渲染而成，将"p"和西里尔字母"ф"完美对称。在应用中，注重以民族纹样作为辅助肌理的填充，变化丰富，非常符合时尚年轻的上网人群的审美。

案例：乐学英语教学机构品牌形象设计

图6-18 乐学英语教学机构品牌形象

乐学英语的品牌形象设计，以童趣为切入点，从标志到VI应用，都透露出儿童在学习中自由自在、无拘无束的轻松状态。一改传统教育品牌的严谨与死板的视觉形象。以涂鸦文字为核心元素，配以明快的颜色应用，极大地拉近了与孩子之间的距离。